品读中国现代美术巨匠

边依依 著

华中科技大学出版社
http://press.hust.edu.cn
中国·武汉

内容简介

本书以写实的笔触介绍了中国现代七位美术名家的创作生平,以解析的方式展现了这些中国艺术巨匠的创作成就,以清晰的逻辑和生动的语言评述了名家名作的艺术特点、表现技法及对当代美术发展的影响。

图书在版编目(CIP)数据

品读中国现代美术巨匠 / 边依依著. -- 武汉:华中科技大学出版社,2024.7. -- ISBN 978-7-5772-1089-6

Ⅰ.K825.72

中国国家版本馆 CIP 数据核字第 2024Q5E532 号

品读中国现代美术巨匠 边依依 著
Pindu Zhongguo Xiandai Meishu Jujiang

策划编辑:易彩萍
责任编辑:易彩萍
责任监印:朱 玢
出版发行:华中科技大学出版社(中国·武汉)　电话:(027)81321913
　　　　　武汉市东湖新技术开发区华工科技园 邮编:430223
录　排:华中科技大学出版社美编室
印　刷:武汉科源印刷设计有限公司
开　本:880mm×1230mm　1/32
印　张:5
字　数:102 千字
版　次:2024 年 7 月第 1 版第 1 次印刷
定　价:68.00 元

本书若有印装质量问题,请向出版社营销中心调换
全国免费服务热线:400-6679-118　竭诚为您服务
版权所有　侵权必究

前　言

　　中国美术的现代性构建是与中国社会变革紧密结合在一起的，随着时代命题的变化而发展。中国现代美术发端于20世纪前期"救亡"与"启蒙"主题文化背景之下，五四新文化运动推动中国美术走向革命性转型，逐渐形成以科学大众和科学美学为主的现代性变革机制。新中国的建立开启了中国现代美术发展的新篇章，社会主义的现实主义理论和写实主义美术教育融为一体，成为当时中国现代美术的主流。党的十一届三中全会以后，艺术个性逐渐复苏，美术理论研究空前活跃，革新中国现代美术的探索呈现多元趋势。中国特色社会主义进入新时代，以高质量发展为主题的当代中国美术呈现出多样性、互动性和数字化等特征，展现出更为广阔的发展前景。

　　基于对20世纪中国美术现代性转型中的本土演进进行案例式解析，本书选取张大千、齐白石、高剑父、徐悲鸿、林风眠、蒋兆和、吴冠中等中国现代美术代表性人物的艺术生平及其代表作品，进行较为翔实的阐述与解读，以期对当代学子和读者有所启迪。

　　"现代性"的介入给20世纪的中国美术发展带来了巨大

变革。中国美术在革命与改良、创新与传承、颠覆与融合等观念的冲突中艰难转型。在这一变革过程中，一大批中国画家、美术教育家自觉反思所肩负的艺术职责和使命，主动回应时代变革的挑战和要求，努力探索构建适合现代社会精神追求的中国画创作范式，推进中西融合、传统革新等艺术创新实践。他们的作品既有对自然、生活的敏锐观察和深刻感悟，也有对社会变革、民族命运的深沉思考。他们以独特的艺术视角和表现手法，为人们呈现了一个丰富多彩、充满活力的艺术世界。

  文化自信是更基础、更广泛、更深厚的自信，是更基本、更深沉、更持久的力量。在编写本书的过程中，笔者感动于这些艺术巨匠心系民族命运、百折不挠矢志艺术报国的爱国精神，感动于他们为时代画像、为人民而歌的文化担当，感动于他们为艺术而生、历尽艰辛推进中国美术现代化革新的专业品质，感动于他们与时俱进、自强不息推动中国美术在与现代世界巨变相适应的发展进程中弘扬中华优秀传统文化的突出贡献。笔者作为一名艺术专业教师，想以此书的出版发行来引导专业学子和广大读者通过品读中国现代美术代表人物，深度了解他们的艺术人生及其艺术作品的创新特质、时代价值，充分感受中国美术巨匠的文化精神和新国画的文化魅力，感受中华民族深厚而强劲的文化艺术创造力，进而增进对中国文化的自信、对中国美术的挚爱。若能如此则甚欣慰。

目 录

第一章　张大千：东方之笔　/ 1
　　第一节　张大千生平　/ 3
　　第二节　作品解析　/ 11

第二章　齐白石：在似与不似之间找寻童心乡念　/ 19
　　第一节　齐白石生平　/ 21
　　第二节　作品解析　/ 31

第三章　高剑父：以革命风骨笔绘江山记录时代　/ 41
　　第一节　高剑父生平　/ 43
　　第二节　作品解析　/ 50

第四章　徐悲鸿:写实人生　/ 59
　第一节　徐悲鸿生平　/ 61
　第二节　作品解析　/ 73

第五章　林风眠:调和中西艺术的先行者　/ 77
　第一节　林风眠生平　/ 79
　第二节　作品解析　/ 90

第六章　蒋兆和:为民写真　/ 97
　第一节　蒋兆和生平　/ 99
　第二节　作品解析　/ 111

第七章　吴冠中:风筝不断线　/ 115
　第一节　吴冠中生平　/ 117
　第二节　作品解析　/ 128

参考文献　/ 134

附录 A　招贴设计教学融入新国画审美情趣的
　　　　改革探索　/ 139

第一章　张大千：东方之笔

第一节　张大千生平

张大千（1899年5月10日—1983年4月2日），原名张正权，后改名爰，字季爰，因曾出家为僧，法号大千，故而世人称其为"大千居士"。张大千是世界级国画大师，中国近现代水墨巨匠，画作博采众长、古韵犹存，其晚年的笔墨技法和创作风格游走在传统与现代之间。

张大千祖籍广东省番禺，1899年，他出生在四川省内江市城关一个书香门第家庭。由于时局混乱，到了张大千父亲张怀忠这代，家境开始变得窘迫，时常入不敷出。于是，张怀忠对刚出生的张大千寄予厚望。内江历史悠久，当地百姓在民间浓厚文化氛围的熏陶下，也十分崇尚诗文书画，张大千的母亲就是其中一员，她尤为擅长绘画与刺绣，并靠女工技艺养活一家老小，而张大千的绘画启蒙就来自母亲。此时的张家虽开始衰落，但对子女后代的教育培养仍是尽心尽力。张大千7岁开始课读，9岁习画，12

岁就表现出极高的绘画天赋，山水、花鸟和人物无一不通，写字也很工整，素有神童之名谓。张大千的二哥张善子也是当时知名的大画家，十分擅长画虎。在军阀混战割据一方的年代，张善子受到号召参加了辛亥革命。虽然他是民国初年的革命功臣，但因其疾恶如仇，未能在官场立足。无奈之下，张善子只能带着弟弟张大千东渡日本留学，那年，张大千正好18岁。兄弟俩打算在日本京都学习染织，兼修绘画，学成归来后，便可在家乡开办染织作坊，走实业致富之路。于是，在哥哥张善子的关切陪伴和严厉教诲下，张大千正式走上了绘画之路。其画技进步迅速。留日期间，张大千多通过临摹古人画作来研习绘画。

1919年，噩耗从家乡传来，张大千青梅竹马的未婚妻谢舜华去世，他悲痛不已。而后，完成了学业的张大千返回国内，和哥哥寓居上海。在张善子的引荐下，张大千先后拜名士曾熙、李瑞清为师。同年，因对自身的艺术道路与前程感到迷茫，也无法释怀与谢舜华的天人相隔，张大千开始沉迷于博大精深的佛学和禅宗，并有了遁入空门的念头，他前往当时的松江禅定寺削发出家。佛门宝地虽然清净不染尘俗，但张大千心绪不宁，依旧牵挂惦念红尘烟火，100多天后张大千还俗返家，自此全身心致力于书画艺术。回到老家内江的张大千在父母的安排下，与曾正蓉结婚，这场封建的包办婚姻没能留住向往自由的张大千，为了能更好地学习书画，张大千重返上海。

因受曾熙、李瑞清两位书画大家的影响，张大千开始推崇和效法石涛的山水和八大山人的花鸟，花了许多精力去研习他们的绘画艺术，临摹二人作品曾达到以假乱真的地步。石涛和八大山人都是明末清初中国画坛上最杰出的一代名家。其中，石涛的黄山画派对后世影响极大。其山水画作墨法淋漓潇洒，极尽多变之能，画风不拘小节、别具一格。在意境上，石涛追求文人隐居生活的缥缈空寂，兼具出世与入世思想的张大千能够深刻理解其中况味，在临摹石涛画作时，他的笔墨气韵都惟妙惟肖，因而有了"石涛专家"之美誉。就这样，张大千通过研习石涛画作而取历代画家之长，在上海艺术界一鸣惊人，绘画技法日臻炉火纯青，也结识了吴昌硕、黄宾虹、冯超然、吴湖帆、郑午昌等人。20世纪20年代的大上海人才济济、名家会聚，张大千虽声名鹊起，但仍不能靠卖画为生，在上海的一应开支都靠家中兄长接济。且张大千在上海也有了新家庭，养家糊口的压力日渐增大。

1925年，张大千受宁波富商李茂昌资助，在上海宁波同乡会馆举办首次个人画展，百幅作品当场售罄，个人画展大获成功。自此，张大千终于从一位文人画家转变为职业画家。之后几年，他专心筹办全国美展，也在南京、北平等地举办个人画展。

20世纪30年代，张大千应徐悲鸿之邀前往北平，受聘为国立中央大学艺术系教授。同时，在好友溥心畬的引荐下，张大千花费巨资租下了颐和园的听鹂馆。皇家园林的景致为张大千打开了书画之外的人文世界，他开始将目光从临摹仿古转向了大千世界的万物造化。

张大千新的创作革新之路还未正式开始，抗日战争便爆发了，北平等地沦陷，他潜心创作的岁月按下了暂停键。国难当头，在中华民族生死存亡的关键时刻，张大千同仇敌忾，回绝了日本人给他提供的日伪学校校长的职位。不仅如此，作为一个有着民族气节的中国知识分子，他多次公开表达对日寇暴行的不满，拒绝交出私藏的传世古画，因而被日军关押在了颐和园，只能在严密监视下作画。张大千和表弟晏济元偷偷拿卖画的钱筹到了路费，晏济元带上张大千的家人先离开北平，从香港绕道回到老家四川。张大千则等待数日才脱离虎口，历劫之后，他回到了故乡，带着全家人住在青城山上清宫。

这个时期是张大千的创作高峰期，他开始临摹宋元明清名家画作。此时他的创作风格偏向于唐寅的清雅和沈周的稳练，大多都将水墨与青绿色彩相结合，笔墨厚重，抓住了蜀中山水的特征和神韵。同时张大千在临摹历代大家的基础上，通过对自然山水的真实体验，揣摩古法，用石青、朱砂等矿物质颜料，复原了中国传统的青绿山水画法。

在青城山的两年间，张大千的画作除了养家用，他还托二哥张善子拿去海外义卖，为国人抗战筹款。

虽日日作画、笔耕不辍，浸润在自然山野间的张大千仍感受到了创作灵感的枯竭。从走上绘画之路开始，张大千就处于一个中国社会与文化激烈变革的时代。画坛上，关于中国绘画是否应该改良及如何改良的话题一直充满争议。张大千走的是中国文人画从师古人到师自然的传统之路，因此，他正处于这场争论的旋涡中心。但他并未对此发表任何言论，反而保持缄默，尝试以自身的艺术实践来探索中国绘画未来的道路方向。因此，1941年，张大千举家自费前往敦煌莫高窟，他跋山涉水，越过漫漫黄沙的荒漠戈壁，不止为了远离争议和舆论，也为了潜心在敦煌学习，寻找绘画新路径。

张大千本想在此写生数月就回四川，可当他看到金碧辉煌的艺术宝库、精美绝伦的雕塑奇观和千年的壁画瑰宝时，他便长久地留了下来。他在敦煌耗时近3年，临摹作品276幅，并成为莫高窟壁画编号的第一人。1943年，《大风堂临摹敦煌壁画第一集》一书问世。

张大千的敦煌之行震惊了整个艺术圈，使得敦煌艺术在全国乃至全世界都受到了高度关注。那时敦煌的生活环境是较为恶劣和艰苦的，但这能磨砺一个艺术家的创作精神。张大千的创作风格从此有了新的变化，他从敦煌壁画醇厚艳丽的色彩和精准细腻的线条中获得了创作灵感，开始趋向敷笔重彩，并尝试挑战巨幅尺寸的画作。其画风也变得典雅清丽、华美潇洒，笔力越发浓重磅礴。可以说，潜心于敦煌壁画佛像的考察对张大千艺术风格的形成有着举足轻重的影响。

1945年8月，抗战胜利，张大千十分激动欣喜，终于得返于北京，然而生性坐不住的他又想外出采风学习。于是，1950年，他受邀赴印度举办画展，临行前他特意交代儿子，如果他回不来，就把留在四川家中的200多幅临摹的敦煌壁画全部交给家乡政府保管。他没想到，他这一去就再没能回到故乡。张大千在旅居印度期间临习了许多当地的石窟壁画，并在美丽的大吉岭生活年余。

随后几年，张大千开始了四处漂泊的游子生活。50多岁的他远渡重洋，来到南美大陆。为了不使名画流落他乡，他低价把自己所藏的顾闳中《韩熙载夜宴图》等珍贵文物转让给了中国国家文物局，使传世国宝回到了祖国的怀抱。为了寄托思乡之情，他又在风光秀丽的巴西圣保罗购地150亩（10 ha），大兴土木、移山填海，修建了一处中国式园林——八德园。漂泊半生的张大千，在八德园一住就是15年。这个时期的张大千已经将中国文人画和敦煌艺术的精华融合得十分完美，精准的线条和浓墨重彩让他作品中的人物显得华丽而不艳俗。

1956年，张大千开始了他的首次欧洲之旅，前往法国卢浮宫举办个人画展，在那里他遇到了自己的艺术知己毕加索，这两位东西方艺术大师的相遇不得不说是世界文化之幸事。此后几年，他的作品在世界各地展出，广受赞誉，被西方艺坛誉为"东方之笔"，为中国艺术和民族文化赢得了巨大荣誉。

然而，当张大千的事业步入巅峰时，因营造八德园的园林景观而导致他的眼睛意外受伤，视力因此严重受损，几近失明，一向以线条精准、笔法细腻而著称的张大千连下笔的位置都看不清了。令人意想不到的是，在这样看似绝望的情形下，张大千的绘画艺术居然从模糊的视野中寻找到了一个全新的天地，他在雨夜的八德园里看到了朦胧淋漓的山水景致，从而有感而发，开始尝试自己独创的泼墨泼彩技法创作。自此以后，张大千艺术创作的崭新时代来临了，他走入了中国青绿山水画的新境界，为中国传统水墨画创作开拓了新方向。张大千善于观察自然，他将山川草木带给他的色彩感受和光影变化结合随心、随性的墨彩，融合古法，落笔于纸上。经过几年的实践和创新摸索，他的画作逐步实现了具象和抽象之间的完美结合。

1969年，张大千赴美生活，美国加利福尼亚州太平洋大学授予张大千名誉人文博士学位，奠定了他世界文化名人的地位。1976年，张大千移居中国台湾，于台北市北郊外双溪筑新宅,取名"摩耶精舍",过着与友人作画读经的闲适生活。

张大千晚年虽穿梭在世界各地,但乡愁之情从未淡却。游历各国时,他曾写道:"行遍欧西南北美,看山须看故山青。"带着浓烈的乡土眷念之情,已是高龄的张大千在呕心沥血完成鸿篇巨作《庐山图》之后,突发心脏病,于1983年4月2日逝世,享年85岁。

第二节　作品解析

张大千称得上 20 世纪中国画坛最为传奇的国画大师，在诗、书、画等方面都有着卓越成就，对中国后世书画艺术产生了深远影响。张大千早年不仅对宋元明清名画多有研究，而且画路极广，兼具朱耷、石涛的淳古和唐寅、沈周的清润。他遍访华夏山水，游学世界各地，融贯中西技法，结合抽象艺术元素，开创了重彩泼墨新风格。究其本质，张大千的作品风格不同于西方的抽象表现主义，在泼墨浓彩、挥洒万千之间，笔下万物是具象化的，也是奇异、壮丽、淋漓的，山水之景浑然天成，视觉张力极强，与中国传统的绘画精神相吻合。

一、《秋江钓艇图》

《秋江钓艇图》是张大千早年艺术生涯的精品名作，作品为纸本设色，尺寸为 116 cm×56 cm，1924 年作。值得一提的是，"垂钓"是张大千非常钟爱的题材之一。除了《秋江钓艇图》，张大千还有《秋江闲钓图》《幽涧闲钓图》等江涧垂钓佳作。

《秋江钓艇图》采用传统构图方式，呈现一水两岸之景，画面由峻岭、树丛、茅庐、扁舟、山涧等元素构成。近景展现的是几棵古树屹立于乱石之中，勃勃生机，掩庇着几间临水茅庐。远景展现的是群峰巍峨挺拔，错落有致。张大千采用披麻皴技法画出山石纹理，淡墨加上疏密、虚实的赭色线条画出山峦嶙峋，整体结构明净通透。峰回路转间，一泓清溪，顺着乔木、怪石向山下奔去，归入江流。山之坡脚，在野树疏林掩映下，茅舍静谧。细看树丛画法，会发现张大千多用干笔，也用淡墨烘染，干湿并行，使得树丛层次分明。对于最远处的山川，张大千以淡墨调子没骨染出，色彩亮丽明快，渲染山旷林疏的恬静景致。中景展现的则是留白江面，江中有雅士泛舟独钓，水面浩淼，景物清旷。其中，姿态扭曲的山石与纤巧的扁舟雅士形成悬殊对比，虽比例相差甚大，但雅士孤高冷逸，以虚胜实，形成全画画眼。

《秋江钓艇图》舒展开阔的构图、宏观如微的铺陈、多种技法的表现、平缓细密的笔触、悠哉潇洒的面貌都表现出张大千深厚的摹古功力。整体观之，画作尽得石涛、朱耷、沈周等大家的艺术精髓。张大千早年山水画风格虽受宋元明清诸多名作影响，但其下笔更超脱放达、秀逸生动，与老壮之时的作品大相径庭。

二、《红拂女》

红拂女，出自唐代小说《虬髯客传》，原名张出尘，相传为隋唐时期的女侠。虽然其人在正史中不见踪迹，但在野史中，她是隋唐奇女子，"风尘三侠"之一，因手执红色拂尘，故称"红拂女"。红拂女相传为李靖的发妻，与李靖的故事一直为民间传颂的千古佳话。

《红拂女》为张大千挚友张群所藏。该作为洒金笺设色，尺寸为 106.5 cm×58 cm。张大千与张群结识于 1927 年，虽然彼此不常相聚，却情深意厚，一直保持着通信往来。《红拂女》创作于 1944 年，是张大千生平最具代表性的工笔仕女佳作。在研习敦煌壁画时，他创作了大量的工笔佛像、仕女等，其服饰华丽，色彩古朴，有着明显的盛唐壁画绮丽风格。作品画面只有主角红拂女一人，整体构图简洁明了，除仿莫高窟唐人花边外，无其他图素与红拂女重叠交叉，视觉重心和美感都集中在她身上。红拂女情态优雅、目光坚毅、神色沉静，内敛而不露怯，细节的描绘暗示其有着爽朗、大器、果敢的高贵体性。往下看，红拂女的身段修长优美，双手微微摆于身体两侧撑开披风，上身略往后倾斜，膝盖微曲，长裙曳地，一举一动雍容风流。

除了人物的面容、精神、性情，张大千还在红拂女服装纹样、色彩等方面的创设上苦心孤诣。在敦煌的所学所思，让他的创作尽显唐代壁画的精髓之处，画风洒脱细腻，色彩富丽堂皇。《红拂女》塑造出一位丰韵娇美、英姿玉立的女性形象，其衣着式样与纹色都是参考唐代佳作创作而成的，绝不是画家无中生有、随意以偏概全之作。张大千在画作中反复打磨，以繁御简，用复杂的纹样来强调主题，烘托整体视效。画中红拂女的披风和长裙的纹样，不论图案大小，都绘制得精细灵动。在处理人物衣裙因摆动而生出的褶皱时，描色细致，层次细腻，使得色彩之间的明暗过渡自然生动，披风中的凤鸟羽翅也有了立体感。在这幅作品中，所有的缠枝花、团花的花瓣和叶子，都被渲染得栩栩如生。腰带的处理更是一绝，用深蓝色勾勒出细微的暗花，再辅以绿色精巧的系带和考究的白色珠串，衬得红拂女纤腰楚楚。由此可见，张大千称得上是唐装造型大师。

三、《嘉耦图》

张大千喜爱画荷，是画荷大家。在早期的创作生涯中，他种植了大量荷花，日日与荷花相伴，凭借着敏锐的洞察力和高度的概括能力，捕捉到荷花的形体特性和摇曳动态，并运用自己的审美趣味对荷花的形态进行塑造、夸张，使其展现清俊灵秀的意蕴和生机。在张大千的荷花作品中，每朵荷花都亭亭玉立、丰腴盎然。细节的处理沉稳不浮躁，荷花才能逼真生动。张大千非常勤奋，一直精进画技，不断尝试新的技法，其荷花画作不断推陈出新，由此成就了闻名海内外的"大千荷"。对此，徐悲鸿曾说："张大千的荷花，为国人脸上增色。"其中，张大千于1947年创作的《嘉耦图》尤为出色。

《嘉耦图》为纸本设色，尺寸为184 cm×90 cm，该画作来自赫赫有名的"梅云堂"。画中精细绘制了描金红荷和墨绿荷叶，荷叶用大笔粗犷画就，层次分明、气度恢宏。细细白线于渍染的墨彩中勾勒出秀丽的叶脉，入微处处理得舒展自然，无匠俗之气，且雅俗共赏，秀逸放旷。在茂密的荷叶下，一对鸳鸯悠游自在地浮于水面，与绿叶相映衬，寓意佳偶天成。1947年，张大千正处于从早期精笔描摹历代大师名作到后期自创泼墨泼彩技法的过渡时期，作品《嘉耦图》具有较高的艺术和学术价值，可以帮助后世研习者对画家早期及晚期名作进行对照分析，探究其不同时期的画作风貌和特点。

四、《爱痕湖》

1965年秋天，张大千和他的朋友到瑞士、奥地利等国旅游，在著名的亚琛湖上逗留了几天。置身此间美景，张大千有所感悟，几年后创作了这幅大尺寸的绢本泼彩《爱痕湖》。《爱痕湖》尺寸为76.2 cm×264.2 cm，是绢画泼彩中的佳作，于1968年完成。画作为横幅构图，描绘的是亚琛湖全景，最先映入眼帘的是如屏障般巍峨耸立的山峦，用大块墨彩抽象勾勒而成，在墨还未干时，泼洒石绿、石青、白粉，再轻轻晃动画板，墨彩便混合晕开，形成丰富的层次变化。墨色上堆积着鲜艳明亮的青色、绿色、白色，显见起伏错落的光影变化。峰峦缺乏植被细节，画家用笔皴、擦、点、染出树影及道路。其中，白粉与石绿交融后使得左侧的云岚与山石渐隐，这种动势且宏阔的肌理表现，倒是显得山石背面的几处小景格外细致雅趣。湖畔旁草色岚光间的小屋，以细笔轻描淡写，简练幽眇。留白而出的一汪湖水，静谧悠远。在山水相接之际，墨彩交织流动变化，梳出山峦纹理。浓淡色墨晕染强化了画作的前后景虚实关系，也使得青绿色彩如海浪般汹涌澎湃、磅礴奇幻。

在海外游历时，张大千经过近十年的反复实验，将中国传统泼墨的风貌和精神与西方绘画的光色关系相结合，使得水墨与青绿、泼墨与泼彩融为一体，开创了色墨融合、工写兼施、没骨写意的泼墨泼彩技法。他的晚年画作是宏大构思与明晰细节的完美结合体，也是西方抽象艺术的自由精神和中国传统的人文关怀的集合体。《爱痕湖》以青绿墨色泼洒为主，局部辅以利索笔墨点构小景，远观近赏皆宜。墨与彩的多寡、浓淡、渗化十分到位，整体收放自如，给人一种绚丽多彩、恢宏大气之美。细节处，山川的轮廓和结构自然生动、意境奇绝，基本脱离了中国传统山水画的形迹制约。该画作可以算得上是对北宋壮丽山河画作的现代诠释。

除了推陈出新的技法表现，《爱痕湖》还有些逸闻值得说道。张大千曾写道："年前与艺奴漫游欧洲，从瑞士入奥国，宿爱痕湖二日，曾做此诗以戏之。"其中所提诗赋在《爱痕湖》提款中出现："湖水悠悠漾爱痕，岸花摇影狎波翻。只客天女来修供，不遣阿难著体温。"其中所写"艺奴",虽不知何许人也,但观张大千游历亚琛湖之行,除了欣赏悦目风景,应该还有一段动人的爱情故事。把"亚琛湖"译成"爱痕湖",显见画家难抑内心深处的情感。《爱痕湖》在20世纪60年代先后展于纽约、波士顿、芝加哥等地,2003年在纽约大都会博物馆再次展出,是艺术史界公认的张大千最精彩的泼墨泼彩山水作品。

  张大千是一位在中国现代艺术史上颇有影响的绘画大师。纵观张大千的艺术生涯,其实验性的创作堪称前卫,前半生的传统摹写与晚年的技法改革,在中国绘画史上都是绝无仅有的。看似两极化的艺术创作嬗变,却有着非常自然而清晰的变革脉络,没有一丝不可调和之处。涵养中国传统绘画之精髓,兼修世界各地绘画之技法,张大千作品不愧为"东方之笔",备受推崇。

第二章

齐白石：在似与不似之间找寻童心乡念

第一节　齐白石生平

齐白石（1864年1月1日—1957年9月16日），祖籍安徽宿州砀山，生于湖南湘潭，原名纯芝，字渭青，号兰亭，后改名璜，字萍生，号白石、白石翁、老萍、饿叟、借山吟馆主者、寄萍堂上老人、三百石印富翁，是中国现代杰出的艺术大师。

齐白石出生于湘潭白石镇杏子坞的一户农家，齐家家境不好，一贫如洗，全家仅靠一亩水田糊口，齐父、齐母为了生计只能到处打杂工。齐白石7岁时，家里缩衣节食，用四斗稻谷的代价把他送到外祖父周雨若开办的私塾读书。几个月后，家乡发生水灾，没有收成，齐家是吃了上顿没下顿，于是短短半年，齐白石只能辍学返家。齐白石出生后便体弱多病，不能从事繁重的田间劳动，但是可以帮着家人放牛、砍柴，照顾幼弟。或许是因为残酷的现实环境，幼时的齐白石酷爱在田野间捉虫、捕蝶，在水塘里钓鱼、捞虾，这些贫瘠日常里的快乐时光能让他短暂远离生活中的忧愁，幼时充满童趣和天真的生活片段也成为其艺术创作中最重要的组成部分。

15岁后，齐白石开始学手艺养活自己，起初他跟着族里长辈做粗木匠，学了不到一年，齐白石便开始尝试接触雕花木匠技艺，以做细木匠为生。他天资聪颖，很快便能上手制作雕花家具，并开始对师傅所教之技艺加以改进，大胆创新。随着手艺逐渐精巧，少年放牛娃成了远近闻名的木匠艺人。20岁的齐白石整日奔波，忙于做木工活养家，偶然间他借到一部乾隆年间刻印的彩色残本《芥子园画谱》。《芥子园画谱》是文人画的程式化普及读本，齐白石翻阅此书后，便对绘画产生了浓厚兴趣。他开始学习画谱中的花鸟虫鱼山石画，将技艺融入木工，并依据描摹的花样推陈出新，手上功夫愈发稳健。可以说，正是这段尽情参悟《芥子园画谱》的岁月，让齐白石打下了扎实的写实基础，步入了一个崭新的创作境地。同时，他会画画的消息不胫而走，不少四邻八乡开始找他作画。与制作过程漫长且工序烦琐的木匠活相比，绘画所获得的酬劳来得轻松且容易。

1889年，齐白石受到文人画家胡沁园的赏识。胡沁园是清末湘潭德高望重的乡绅，善画花鸟鱼虫。惜才的他收齐白石为徒，鼓励齐白石不要因家贫而放弃读书，希望这位学生能在书画一途出人头地。在胡沁园家的10年里,这位恩师亲自指导齐白石学习工笔花鸟草虫,毫无保留地将自己多年的绘画功夫倾囊相授,还让齐白石接触到一些私人珍藏的明清绘画真迹,向其一一讲解其中的精妙之处,并鼓励齐白石学习临摹。

除了学习书画篆刻,胡沁园还为齐白石请了当地另一位名士陈少蕃教习诗词文章。陈少蕃除讲解《唐诗三百首》外,还教读《聊斋志异》《孟子》和唐宋八大家的古文等。自此,齐白石的职业画师生涯才真正开始。他以画人物肖像来养家糊口,虽只是画匠,但仍苦学不辍,夜燃松枝与人谈诗论文。到了而立之年,齐白石逐渐有了画名,家中吃穿用度不再窘迫,便时常结交友人钻研篆刻,并成立诗社。这个时期,齐白石的画作内容较为驳杂,不限于山水美景、花鸟草虫、民间故事、仕女美人、衣冠人像等,其画风大多不同且不相融,但因其作画甚美,故得了个"齐美人"的绰号。

在齐白石40岁那年,生活已经趋于稳定的他在乡间租了大宅,打算就此做个闲适的田舍翁。他本没有远大的人生追求,只希望靠卖画赚些银两奉养老亲,照顾妻儿,就这么安稳地度过余生。此时他的视野和阅历仍被命运圈定在家乡的狭小天地里,所创画作以摹古为主,缺乏对真实山水景象的感悟和体验。之后某天,齐白石收到了来自西安的两封信。其中一封信的内容是西安的官绅邀请齐白石前往千里之外教画,另一封信由同乡寄出,意在劝没出过远门的齐白石走出湖南,去看看外面的广阔天地,多多观察、游历才有利于艺途。齐白石思考再三,终于迈出了人生最关键的一步,这一步也为齐白石的人生和艺术旅程谱写了华彩篇章。

从湘潭到西安,路途遥远,水陆交通不便,但旅途的所见所思让齐白石大开眼界,他开始一边游历一边画景,每逢奇妙之景,他便画下来。抵达西安后,他广交声望显赫的名士豪绅,饱览历代文人画作真迹。1903年,齐白石跟随文豪泰斗樊樊山来到北京,樊樊山本欲推荐齐白石给慈禧太后作画,任当时的内廷供奉,齐白石却婉言谢绝了,因为他只想做个本分的以卖画为生的人。之后,齐白石开始了他的"五出五归"之旅,近10年间,齐白石尽览名山大川,广结当世名人。随着足迹遍布中国大江南北,他的眼界及胸襟为之大开。齐白石的偶像董其昌曾强调作画需"行万里路",但董其昌本人并不提倡写生,而是通过"读万卷书,行万里路"来体悟"气韵生动"之法。但齐白石认为,山水画作必须源自亲历亲见,源自主观感受。他登高楼、爬峻岭、游绿池、渡江河、踏春野都是为了真实、真切地感受山川奇峻之华美,并将这一感受融入画作。

在游历过程中，齐白石临摹了徐渭、石涛等大师的真迹，也随时随地收集素材，画了许多写生稿，创作了《华山图》《嵩山图》《陶然亭饯春图》《绿天过客图》等作品，也逐渐改变了自己以往风格驳杂的绘画方向。这些写生稿大多以墨笔勾勒山石的大致轮廓形貌，并作一些标记，但不着色。这些不拘泥于细节的写生稿，造就了齐白石晚年基于景物特征的删繁就简的创作风格。在48岁那年，齐白石将游历时的画稿重新梳理绘制了一遍，编成了《借山图卷》，其中画作共52幅。齐白石对这套图卷十分珍视，常请师友题赞。

从现存于北京画院的22开《借山图卷》来看，齐白石凭着早年临摹学习积累的技艺，将游历所见的真山真水进行剪裁和提炼，用非常独特的方法表现出来，初步确立了自己创作的风貌和风格。《借山图卷》虽是齐白石早期作品，只能算作写生小品，但在当时具有超越时代的意义。当时的画坛还盛行临摹"四王"，齐白石无疑走在时代的前沿，其山水画作格调率真独特、意趣横生，画中蕴含的山水精神和画家的人格修养是高度一致的。难怪其至交陈师曾看了《借山图卷》后曾对人说："齐白石的借山图思想新奇，不是一般画家能画得出来的，可惜一般人不了解，我们应该特别帮助这位乡下老农，为他的绘画宣传。"

远游之后，齐白石回到了湘潭，他将之前卖画的积蓄拿出来购置水田，还在家乡修葺了一间"寄萍堂"。此后8年，他居家作画、读书，过上了闲适安逸的文人隐士生活。但山居的松泛岁月并未让齐白石怠惰慵懒，他一直潜心思考学习。为了更好地精进画技，齐白石开始养殖各式各样的花鸟鱼虫，日常观察揣摩它们的特点和精神。这个时期，他较为推崇八大山人和石涛等人，经常取法于几位大家之美学优点进行绘画创作，笔下的生物造型简练生动，形态自然，洋溢着生机勃勃的气息，画作风格也开始变得文雅。

1917年，为躲匪患，齐白石携家小离乡定居北京。战事频发，时局动荡，北京城也不太平，齐白石投靠的友人都外出避难了，齐家人只能借居在宣武门外的法源寺中。初期，因声名不显，加上书画交易市场冷淡，齐白石的字画行情不太好，他只能靠图章篆刻为生。居无定所，忧愤困顿之下，齐白石决心"变法"。《白石诗草》有云："即饿死京华，公等勿怜，乃余或可自问快心时也。"可见其当时"变法"心意之坚定。

在追求艺术的道路上，齐白石并不是孤独无助的。他到北京后，结识了姚茫父、陈半丁等人。还有另外两位挚友对他影响甚大，一位是前文提过的陈师曾，另一位是徐悲鸿。齐白石与陈师曾二人友谊笃深，从1917年初遇到1923年陈师曾逝世，相知相识虽只有短短5年，但意气相投，结成莫逆。陈师曾是清末大诗人陈三立的长子，曾跟随海派大师吴昌硕学画,家学渊源的他学贯中西,是当时北京画坛的领军人物。他无意间见到齐白石的印章作品后,便对这位年近花甲、生活窘迫的民间艺人十分感兴趣。他打听到齐白石的落脚之处后,便上门拜访,两人惺惺相惜,一见如故。陈师曾支持艺术改革,他在看过齐白石的《借山图卷》后便鼓励齐白石无须求媚世俗,应当转变画风,自创风格。往后几年,齐白石依旧卖画艰难,食不果腹,虽然备受一些同侪冷眼,但他在陈师曾的影响下,晚年"变法"的推进力度开始变大。他一改往日旧风,另辟蹊径,抛弃了以石涛、徐渭等大家为宗的表达情感的艺术手段,转而取法于吴昌硕所创造的气势雄健、色彩浓烈的写意花卉。在临摹、探索、变革的过程中,齐白石逐渐找到了自身的艺术突破口,形成了其独特的"红花墨叶派"新风格。其作品中纯朴、自由的一面从未泯灭,对自然和生命的爱意依旧浓烈。1922年春,陈师曾携齐白石画作东渡日本参加中日联合绘画展,使得齐白石画作在日本广受赞誉,声名大振。

徐悲鸿是齐白石艺术鼎盛时期的挚友,他从1928年至1953年离世,对齐白石多有照顾。特别是徐悲鸿在艺术上给予齐白石的关怀和支持,在齐白石晚年的人生历程中留下了深刻的印记。1927年,受林风眠之邀,齐白石开始在北京艺术专科学校任教。1928年,北京艺术专科学校改名为北平大学艺术学院，徐悲鸿于冬天就任院长，任命齐白石为该院教授。徐悲鸿虽于第二年辞职南返，但仍与齐白石维持了长久的知己关系，诗画书信往来不断，数十年间互相支持，风雨同舟。

结识齐白石，让徐悲鸿甚为欣慰。徐悲鸿自觉肩负复兴中国美术、改良中国画的重任，在北平担任北平大学艺术学院院长之前，曾预见中国画教学改革之难。在当时泥古不化的传统思维影响下，徐悲鸿的教学主张遭受了颇多阻碍，改良国画之路坎坷难行。在北平时，虽有遗憾，但徐悲鸿认为这期间的最大幸事是结识了几位杰出画家，其中便有齐白石。当时齐白石在学校教授中国画，因其早年以摹古创作为主，故写实基础扎实深厚。同时晚年坚持"变法"的齐白石又富有大胆创新的精神，绘画作品极具个性，艺术主张独特鲜明。

前文曾说齐白石完成《借山图卷》后请很多名家题跋，说明他曾经特别希望以山水画来确立自己在画坛的地位与影响，不过后来的发展却事与愿违。齐白石的山水画在其任教时正遭受社会贬斥，虽然画作意境不落窠臼，构思布局打破常规，且丰富了中国画的视觉形象和视觉程式；但是在当时的收藏界看来，齐白石的山水画是"野狐禅"。也因为出身农民，受民间美术熏陶影响，齐白石在墨法笔法上都趋向于表达稚拙的田间情趣。创新式的大写意山水画跳脱出古人蹊径、删繁就简、直抒胸臆。这种创作理念是轻临摹、重创造的，也体现了齐白石与徐悲鸿二人在艺术观点上的类同。但这种理念对当时的北平画坛来说，是不讨喜的、不严谨的，是难登大雅之堂的粗野之作。在这种情况下，徐悲鸿仍不遗余力向外界推介齐白石的山水画，尽心竭力为其出版以山水为主的画册。齐白石的山水作品虽很长一段时间不被社会认同，但得到这么一位知己的欣赏和推介，使得齐白石格外珍惜与徐悲鸿的友谊。

晚年的齐白石，对其山水画的种种争议采取了谨言慎行的态度，并依旧保留了早年避居山野间的朴实生活方式，远离口舌是非，静心作画。他后半生虽都在北京生活，但思乡情浓，故里的山花草木是他内心最纯挚的向往。齐白石作品中流露出的乡念童心，是他身为农家子弟的自我肯定和对乡土劳动人民的纯真表白。他晚年作画愈发单纯，心无旁骛，醉心于艺术体验，同时喜爱观察万物，反对作画带有不切实际的空想。在下笔之前，齐白石要对作画对象的结构形貌以及生长习性反复揣摩研究。"衰年变法"创造性的创作态度又使得他主张简练概括所绘之物的物理、物态、物情——"作画妙在似与不似之间，太似为媚俗，不似为欺世"。这种造型上的美学观念和画家的人生感悟、精神寄托相关，笔下万物天真又糊涂，艺术形象似无法而有法。齐白石所主导的种种创作尺度和审美感受都是他内在艺术生命的真实反映，并成就了他晚年令人景仰的创作造诣。

1937年，抗日战争全面爆发。北平沦陷后，齐白石的家中不时有日本人造访，这些日本人仰慕其名，甚至愿意出高价购买其画作。已是高龄的齐白石有着中国文人的气节和尊严，他不堪其扰，只能闭门谢客，拒绝卖画予官家，过上了深居简出、清贫艰难的日子。

1949年，徐悲鸿任中央美术学院院长，聘齐白石为名誉教授。1953年，齐白石当选为中国美术家协会第一任理事会主席，同年还被文化部授予"人民艺术家"称号。1954年，齐白石当选为全国人大代表。1956年，世界和平理事会授予齐白石国际和平奖。新中国成立后，一生都在为尊严和生存而奋斗的白石老人终于过上了太平安逸的生活。受人尊敬的艺坛地位、无忧舒畅的心情使得他在垂暮之年仍然保持着旺盛的创造力。这一时期，齐白石创作了许多贴近人民生活，歌颂新中国、新社会的优秀作品。1957年9月，齐白石逝世于北京医院。1963年，齐白石入选世界文化名人。

第二节　作品解析

一、《蛙声十里出山泉》

《蛙声十里出山泉》是齐白石在 1951 年为相交甚厚的老舍所创作的纸本水墨作品，尺寸为 129 cm×33 cm。这幅水墨画在中国当代画坛极具影响力，是齐白石的代表作之一。后来，上海美术电影制片厂据此拍摄了水墨动画《小蝌蚪找妈妈》。

"蛙声十里出山泉"出自清代诗人查慎行的《次实君溪边步月韵》，该诗意境幽远、生机妙动。老舍特意选取此句出题，请齐白石作画。为了完成这个命题作画，齐白石冥想苦思，两夜未得好觉。"蛙声十里"四字虽简单，但这种听觉上的情境妙趣如何用画面清晰呈现呢？在创作构思上，齐白石的观察习惯和作画素养使得他从不因循守旧，每每都能从寻常事物中悟出绝佳的情趣之美。因觉得直接描写鸣叫的青蛙太过于无趣直白，齐白石从与老舍书信往来中的"出山泉"三字得到灵感，倾向于从"泉"入手，诗画互补，虚实结合，让画作虽无蛙而蛙声可想矣。

　　为了在画意上有更多留白，引发观者联想，齐白石以浓墨简略画出两岸乱石，一泓清泉从中湍急而下，激流之中零零散散游荡着几尾蝌蚪，渺渺远远，灵动盎然。观者虽不见青蛙，但仿佛能听到阵阵蛙声从远处寂静的山谷顺水漂流而至，一声声地呼唤着蝌蚪宝宝们回家。此画至绝之处便是天与水都不着墨色，黑白对比分明。远处山野轻轻浅浅淡绿，映衬着前方墨石间喷薄而出的泉水。泉水以细线勾勒，与重墨点出的摇曳蝌蚪形成鲜明对比。线条行云流水，乱而有序，由实而虚，自上而下。水流幽深，何止十里！整幅画作构图布局惜墨如金、简洁开阔，虽笔法粗放，但造境新奇，将童心快意融入其中，诗画相合，形神兼具，体现了画家极高的艺术修养。

二、《山水十二条屏》

　　《山水十二条屏》为齐白石1925年所绘，是他送给北京名医陈子林的贺寿礼。画作自1958年起一直为齐白石的入室女弟子郭秀仪与其夫黄琪翔所收藏。每一条屏画面尺寸为180 cm×47 cm，共计十二条，每条屏都可以独立成幅。"诗书画印"四绝俱全，一眼望去，洋洋洒洒，蔚为壮观。《山水十二条屏》分别为《石岩双影》《板桥孤帆》《柏树森森》《松树白屋》《杏花草堂》《烟深帆影》《江上人家》《杉树楼台》《远岸余霞》《板塘荷香》《山中春雨》《红树白泉》。

这十二条屏中，有几件以画山为主，用墨浓重，重在刻画山之崇高、厚重；有几件以画水为主，重在表现水的空阔、辽远，类似一阴一阳、一刚一柔，融合交汇，变化万端。相映成趣、相得益彰的十二条屏浸润着画家高超的创作技艺，让人由衷喜爱。2015年，《山水十二条屏》在保利艺术馆展出，作品估价高达10亿元人民币。展览对《山水十二条屏》的直观呈现，让艺术研究界重新认识齐白石被花鸟画成就所遮蔽的山水画成就。

齐白石曾言："众人皆知我花鸟草虫，却不称许我山水，可叹也！"相对于花鸟草虫和人物题材，山水画之于齐白石，是他艺术创作生涯和演变脉络（比如常常被提及的"五出五归""衰年变法"等）的重要见证。考察齐白石的画作，不难看出，他早年的山水画除了受到《芥子园画谱》的影响，也与老家湘潭本地的山光水景相关。正值青春的齐白石仍在学习传统技法，还未外出游历建立个人风格。因此，正如郎绍君先生所言，齐白石早期的作品"大抵是套用画谱程式，描绘细碎，笔力秀弱，缺乏生气"。而创作《山水十二条屏》时，齐白石已经62岁了，此时的他已经完成了"衰年变法"，迎来了创作的黄金时期。"五出五归"之后，齐白石的山水画创作已经得到了艺术升华，在技法上他开始摒弃此前中国山水画的传统程式规范，步入明心见性的创作佳境。齐白石笔下的山水画面貌气质始终如一，这种非常执拗的坚持，种下了他艺术心境的一片自留地。

在十二条屏中，人们可以欣赏到齐白石描绘的美丽家园景象：朝晖夕阴、青山碧水、小桥人家。虽大多是远景描写，构图简洁，但境界奇趣别致，具有浓厚的现实生活气息，能让观者的心灵产生共鸣。其中传递出来的情怀及情景，是中国人世代向往的悠然田园生活，也是历代文人笔下对理想故乡的描写。可见齐白石对故乡的眷恋之心是直白热烈的，他以石涛、徐渭的笔法为主，描绘了家乡和桂林的真山、真水。十二条屏将远游印象、写生感悟、先代所美和画家在北京时的创作心得融为一体，绘画手法结合勾勒与泼墨，着色鲜艳明朗。可以说，这套条屏是齐白石山水艺术发展的重要标志，标志着其创作成熟期的到来。

如今观此画作，有明显的优异先锋之处。首先，齐白石在山水处理上一直执念于画有所本。这些画作与真山、真水相呼应，其山、其水并非齐白石臆想之作。人们可以从中找到画作和实景面貌上的共性。如《远岸余霞》中的小孤山（小姑山），齐白石曾四次与之相见。此山位于安徽省宿松县城东南60余千米的长江之中，为江中一石屿，屿周500米，高近百米，以其独立无依而得名，别称小姑山。小孤山山体奇特秀美，各面各形，所谓"东看一支笔，西望太师椅，南观如撞钟，北观啸天龙"。1926年，齐白石从长沙返京，在江轮上再经小孤山，有题："前癸卯画此侧面，乙巳画正面图，远观似钟形，尤古趣，已编入借山图矣。"他取南面所观之钟形，并固定为一个基本图式，后被屡屡安置在不同的构思中。

审视《远岸余霞》的水面，齐白石用线从容，绘出起伏波浪，长江之水流仿似由近及远平行推涌开，浓与淡、干与湿、断与连、枯与润的变化恰到好处。波涛中孤拔小山兀然耸立，以周少白墨块皴重勾淡染出怪石嶙峋，笔致虽构奇造险，但所绘与真实景致无太大差别。值得一提的是，《远岸余霞》狭长画幅上方有着不讲章法的汀渚树丫，树后设色浓艳，霞蔚云蒸，具有极强的象征喻义。在《白石老人自述》中有一段回忆，1900年，在胡沁园家学艺已满10年的齐白石用卖画所得的300两银子典租了莲花寨的梅公祠，带着妻儿一家六口住过去，此地距离附近的余霞岭20多里（10多千米），一路是梅花，当时得诗："最关情是旧移家，屋角寒风香径斜。二十里中三尺雪，余霞双屐到莲花。"齐白石诗中之"余霞"可能是双关义，但画作中显露出来的是其情思中的霞光飞天。如果说这一片水代表着家乡和旧日时光的距离，那么红似昔时之"余霞"便是那所有值得怀念的过往——若近若远的故乡，似与不似的光景意象，所思所画皆是白石老人的真情流露罢了。

其次，齐白石对实景进行了大胆的剪裁和提炼。他以丰富的想象力赋予山川河流真实的生命力，不像过去的山水画，要刻意去表达山水的超逸尘绝。从构图来看，《板塘荷香》疏朗奇崛，是齐白石作品中极少见的散而满的形式。该画作是十二条屏中最"可爱"的画面，是唯一没有表达强悍、粗壮、夸张、张扬之意的画面。其中莲花以似米点之技法画得小而密，深深浅浅、自上而下，和远山近舍相衬。这种构图使得莲塘的浩荡无边之感喷涌而出，让画面的空间维度被无限放大。莲、汀渚、远山皆以花青与淡绿设色，如玉般清润，透着丝丝沁人心脾的凉爽，好不惬意！整幅画作的图素编排张力十足，形式美感极佳，点、线、面相映成趣，增添了恬淡酣适的自在感。虽不见池水，但莲塘已在，这便是齐白石真正的大写意手段。常见的山间乡野风光，在他寥寥几笔下充满了逸趣自然的生机活力，气韵轻盈，雅俗共赏，丝毫没有单薄呆板之感。

最后是最重要的一点，齐白石的作画框架不在"四王"桎梏下的山水程式中。他不愿意简单复刻古人那些平铺细抹的绘画皴法与笔墨的技巧性。在《江上人家》中，狭长画幅最下方的近景为7间瓦舍，随着视角的移动，它们似乎逐渐移出了画面的范围，几乎只剩屋顶。这种不完整的物象表现，常常为齐白石所用，是他山水画语言体系中的独特创意。同时，攒簇的瓦舍与水面的大量留白形成强烈对比，引人主动产生空间联想。画幅上方馒头状的小山平地拔起，重勾、淡染、勾中略带皴。山头走势舒缓，形态浑圆稳健。后有浅绿没骨山，清透绵远，青青叠叠。疏落的栅栏前，有瓦舍16间，形制、方位、角度都十分讲究，松松闲闲地散布在平缓的水岸上，动静得宜，返璞归真。水岸由浓淡适宜的没骨赭墨染出，其下为两块横抹的汀渚和一架板桥，汀渚上有一人策杖临眺对岸。这一点睛细节完美断开了无波寥廓的空白水面，使两岸距离没那么遥远了。虽属"一河两岸"式构图，但绝无先贤高士之作的枯索、清冷。画作之中虽有高情远致，但更多的是山、水、人的近在咫尺、亲密无间。《江上人家》中的许多构象虽简到不能再简，但细节处形态万千，质而不野，可谓平淡见奇，情真意切。

暮年的齐白石客居北京，难以重返故乡湘潭，只得在丹青之中寄托自己的"岳雨湘烟"。通过借鉴最钟爱的桂林山水，再结合对家乡的记忆，创作出既真实又虚幻的"家乡"之景。齐白石一生仅创作过3次《山水十二条屏》，皆是为真正理解自己艺术变革的知己、友人所做。这些山水画数量虽稀少，但恰恰最能显现齐白石艺术的独创性与超时代的革新性，在存量有限的山水画创作中，不乏艺术巨构。

三、《墨虾》

齐白石家乡有一个盛产虾子的星斗塘，幼年的齐白石常在塘边嬉戏，和虾结下了不解之缘。童年时的快乐记忆，成了他后来的作画题材。为了画好虾，齐白石在家中养了长臂青虾，经常观察虾的形态并写生。正是由于他在日常生活中的细致观察和体验，虾的进退、游动、跳跃等各异姿态才会在他的画作中笔笔传神，有着强烈的生命气息。

《墨虾》为纸本水墨画，尺寸为 57 cm × 176.3 cm，1951年作。该幅作品画面活动着 7 只虾，虾的数目虽多，但因墨色的深浅浓淡把握精准，虾的形态灵动且呈半晶莹剔透质感。群虾从右上角往左下角游动时穿插有致，构图丝毫不显杂乱拥挤。整个画幅没有任何背景陪衬，虽未用一笔背景和水纹，但这些留白增添了虾的生命力和动态感。画家用笔变化丰富，以浓墨点睛，脑袋中间横画一笔焦墨，增加了虾头的体积感；以笔肚遣淡墨绘成躯体，点出浸润之色，使虾的腰部情态有伸展弯曲的不同；虾的触须用数条淡墨线画出，细腻而精到。这种似柔实刚、似断实连、直中有曲、乱小有序的线条，以及触须与虾身的虚实对比，让画中之虾在水中玩耍游动，显得轻快活泼、怡然自得，形神特征活灵活现，惹人喜爱，其旺盛的生命力跃然纸上。《墨虾》体现了齐白石高超的笔墨技巧和表意能力。

　　在近一个世纪的生命历程里，齐白石创作了数以万计的绘画、书法、篆刻、诗歌等艺术作品，对中国的艺术发展影响深远。齐白石的绘画作品雅俗共赏，蜚声海内外。他的山水画崇尚自然、造境新奇、笔法粗放，一改晚清时的柔媚之风，开创了中国山水画的新格局、新面貌。他善将阔笔写意的花卉与纤毫毕现的草虫进行巧妙结合，纳于一纸而别具一格。对他的鱼虾虫蟹画作，历史评价很高，尤其在虾的绘制上，形神与笔墨的完美结合开拓了中国意笔写实型水墨画的新领域。研究其作品，品味其笔墨之雄浑稳健、造型之返璞还淳、色彩之清新明快、章法之精妙入微,感受其画作中蕴含的乡间野趣和童心天真,一个热爱生活、乐观豁达、自强不息、充满情趣的老人形象便跃然眼前。

第三章

高剑父：以革命风骨笔绘江山记录时代

第一节 高剑父生平

高剑父（1879年10月12日—1951年6月22日），名仑，字剑父，后以字行，广州番禺人。广州作为海上丝绸之路的发祥地之一，2000多年来，承载着东西方多元文化的交融共生。20世纪初，这片土地孕育出中国近代美术史上的重要流派——岭南画派。岭南画派由岭南三杰（高剑父、高奇峰、陈树人）创立，他们在中国画的基础上融合东洋、西洋画法，自创一格，着重写生，多画南国风物景致，在章法和笔墨表现上不落陈套。岭南画派学者颇多，与京津画派、上海画派三足鼎立，成为20世纪主导中国画坛的三大画派之一。高剑父作为岭南画派的领袖人物，毕生致力于中国传统美术的革新发展，成为中国现代美术发展的先驱者和杰出的美术教育家。

高剑父自幼失去双亲，家境贫寒，因无钱读书，便早早辍学，到族叔开的药店做学徒。幸运的是，高剑父的祖父和父亲皆能书会画，接济他的族叔亦然。年少时的日子虽清苦，但在耳濡目染之下，高剑父对画画产生了浓厚的兴趣。14岁时，高剑父经人介绍，师从当时的绘画大师居廉，免费学画。因聪颖上进、悟性较高，少年高剑父深受居廉喜爱。居廉作画非常重视写生和创新，主张艺术创作要解放古人束缚，做到无物不写、无奇不写。对于前人不入画的东西，居廉都爱不释手，像粽子、火腿、烧鸭、月饼之类都曾是他的描绘对象。高剑父深受老师教化影响，创作理念注重秉承现实精神，艺术作品注重表现现实生活。

17岁时，高剑父入读澳门致格书院，特意向一位非常厉害的法国传教士麦拉学习绘画素描技艺，翌年返回广州，在述善小学堂任国画教师。在此期间，他结识了几位在广州任教的日本画家，并接触到了日本绘画艺术。这段时间的求学与交友经历，大大拓宽了高剑父的艺术视野。受外国艺术影响，高剑父暗下决心要改良传统中国画。

为了进一步学习国外绘画技法，他得同学相助，于1906年游学日本东京。在日期间，高剑父与廖仲恺、何香凝夫妇相识，并同住一处，一边卖画一边接受日本画的基础训练，研习欧洲绘画技艺。当时日本画家竹内栖凤既借鉴西洋写实经验，又保留传统笔墨趣味的"折衷"做法，引发了高剑父的强烈共鸣。1906年，高剑父在日本加入同盟会，誓为革命捐躯，深得孙中山器重。1908年回国后，他秘密组建同盟会广东支会，任会长，积极从事民主革命活动。这一年，他在广州首次举办具"折衷"倾向的"新国画展"。1914年，在孙中山的资助下，高剑父与弟弟高奇峰在上海创立审美书馆，出版《真相画报》《时事画报》，通过这种形式来宣传革命主张，倡导美学教育，推行中国画的革新运动，并在上海、南京、杭州等地举办画展。高剑父提出现代国画应以反映现实、表现时代、指导人生为宗旨，提出现代国画三原则：一是为时代，为大众，为人生；二是主张兼收并容，反对定于一尊；三是不断变化、进步，不断解放束缚，为其以后时代的绘画继续开辟道路。

作为辛亥革命的先驱之一，高剑父曾作为副总指挥参与黄花岗起义。起义失败后，他意识到，要改变民族命运，仅靠暴力革命是不行的。因此，他提出了一个观点——艺术救国，通过改变全民族的审美观来改变全民族的命运，这个观点与他的革命精神是一致的。在孙中山逝世后，他对军阀统治下的混乱政局极为不满，公开表示永不做官。

高剑父知行合一，淡出政坛，收徒授艺，办春睡画院，把全部精力投入新国画运动的倡导工作之中。他主张在绘画内容上"折衷中西，融汇古今"，强调技法上兼容并蓄、取长补短、存菁去芜，这种全新的艺术追求显然与传统绘画的制式和规范倾向相悖。树大招风，高剑父对晚清以来中国画坛因袭成风、陈陈相因的形式主义的大力批判，招致四面受敌，遭到捍卫传统画纯洁性的画家的攻击，这些人把高剑父及其追随者称为"不中不西"的"混血儿"。随着时间的推移，这种新旧理念的对立，终于在20世纪20年代中后期发展为以高剑父为首的岭南"新派"与以广州国画研究会为代表的传统画派之间的公开论战。在这次论战中，高剑父依然坚守着自己的艺术主张："绘画要代表时代，应随时代而发展。"经过这次论战，人们认识到现代国画是随民主革命而必然产生的艺术革新，于是现代国画的地位在社会上得以确立。

然而，由于当时高剑父对西方艺术的了解毕竟只停留于表面阶段，他所从事的融合中西艺术的工作主要得益于近代日本京都画派的启发，他所接触的西方艺术主要是被近代日本画家过滤的东方语汇，故而高剑父早年对日本绘画的模仿，仍然受到人们的非议。高剑父本人逐渐认识到自己这种"兼收并蓄"的思想在实际创作中存在一定缺陷。他一直在寻觅机会，筹划一次长途旅行，想远赴欧洲等地,去那里体会西方绘画的艺术氛围,但因健康和资金问题,最终只涉足了南亚地区。

1930年,高剑父带着敬畏与热忱,跋涉于印度、锡兰(现斯里兰卡)、不丹、锡金(现印度锡金邦)、尼泊尔等地,考察当地的画廊、博物馆、庙宇、古石窟等。在此期间,高剑父极力推广中国画,希望将中国艺术推向世界。南亚之旅是高剑父后来"折衷"创作的一个重要灵感来源,他在原有绘画技法和风格上,融入了印度、尼泊尔、埃及和波斯的画风,创造出一条中国绘画的新路线。"九一八"事变后,日本开始侵略上海,高剑父沪上住宅被炮火夷为平地。远在异乡的他担心妻儿安危,便匆匆回国。

1938年,高剑父全家因战事避居澳门,次年,他在当地举行盛大的春睡画院留澳同人画展,展出了多彩多姿的作品。正值特殊时期,以高剑父为首的岭南画派画家创作了许多爱国题材的写生作品,影响深远,一大批纪录日本侵略者的野蛮暴行、中国老百姓痛失家园流离颠沛的苦难日子的画作唤起了民众的觉醒和抗争精神,激发了同仇敌忾的爱国主义精神。

1946年,高剑父返回广州,创办南中美术院。1949年夏,高剑父再次计划前往欧美考察访问,但因身体状况终未成行。未能实现欧洲之行,成了他的终身遗憾。

高剑父早期传承老师居廉绘画的写生方法，师法自然，选材广泛，追求雅俗共赏的创新精神，其创作风格极善清雅、工于精细。其常用的技法包括没骨法和撞水撞粉法等兼工带写的画法，无论是色彩铺陈还是笔墨形态的运用，较之居派（居巢、居廉等）作品可谓几可乱真。赴日留学后，受明治维新后的新日本画影响，高剑父开始推崇萧条淡泊的审美观，追求孤寂空灵之美，并将西洋画和近代新日本画的写实观念与风格融入居派画风之中。其间，他的作品胜在光影空气之写实，重于笔墨功力之内涵。例如，《烟暝酒旗斜》（1922年作）、《剑门关》（1926年作）都是这个阶段的作品。

20世纪三四十年代是高剑父创作的成熟期，其画风开始有效地消解居派艺术纤巧婉约的风格，同时也不同于日本绘画清寂幽玄的"物哀"情调，总体呈现豪迈纵横、泼墨淋漓之势。通过研究清宫绘画藏品，高剑父发现日本新国画中的渲染手法源于中国宋代院体画，于是他提出了一种新的创作形式，即在宋代院体画的基础上，结合现代绘画中的透视、光学、阴影等科学知识，来表现现实事物。1948年前后，高剑父开始推广新文人画。此后，他的作品既充满传统文人画的风范，又融入现代审美意识，且强调笔墨情趣。

高剑父晚年主要从事美术教育，他先后担任中山大学教授、国立中央大学艺术系教授以及广州市立艺术专科学校校长。他致力于倡导新国画运动,从岭南地区推广到长江流域的南京、上海等地,并逐渐推广到中国各地。1950年冬,高剑父原本打算离开澳门回到内地,但因旧病复发,未能成行。1951年6月22日,高剑父病逝于澳门,享年72岁。

第二节 作品解析

一、《鸡声茅店月》

高剑父作为东渡探求新知的青年艺人,除了在学习机构临摹,学习雕塑、西洋画和日本画的基本知识,还到博物馆、图书馆、昆虫研究所、公园等地进行写生。他曾极度认真地钻研昆虫结构,试图以"格物究理"的态度寻求一种全新的绘画语言。当时,日本画坛呈现生机勃勃的景象,尤其是摄影印刷技术发达,出版了各种印刷精美的图画图书、摄影教材。高剑父与其他同时期留学日本的艺术家一样,深受其影响,获益良多。日本画家大量借用西洋技法,强调光色、空气效果,理所当然为追求创新思想的艺术家所认同。回国后,这些艺术家积极推行日本画坛的新技法，高剑父也是其中之一。

《鸡声茅店月》创作于1918年，纸本设色，尺寸为120.5 cm×51.5 cm。虽然距离高剑父从日本归国已有10年，但该作品仍呈现出明显的日本画风，蕴含西洋素描的造型、运笔技法。然而，与当时日本名家绘画风格不同的是，高剑父的作品少装饰情调，用笔及用色整体偏向沉厚、雄迈、古拙的面貌。

《鸡声茅店月》脱胎于温庭筠《商山早行》一诗，描绘了天将拂晓时分，寒山深处一山野客栈的景象。题材不见新意，画风却无先例。画面上只见山石嶙峋、流觞曲水，朝雾弥漫间薄山孤立，三两杂树笼烟，茅店围篱，还未亮的天边有月落参横，而板桥已覆寒霜。丰富的景象构建于画幅之中，却未见诗句中提及的鸡和人，盖因"鸡声"非鸡、"人迹"非人，只能由观者通过想象去补足，给人一种静谧之感。

前文说过，高剑父的绘画既承袭居廉写生之清丽婉约，又受益于日式绘画新风和西式写实技法，既追求时代风韵，又保持民族精神，重视提升个人艺术风格和特色。因此，他在《鸡声茅店月》中既不追求"奴隶式的写实"，也不机械照搬西方和日式艺术风貌。作品中的山石造型如刀削斧砍，笔触棱角峻硬，技法显然属于棱角峥嵘的中国山水画中北宗山水一路。北宗山水中的许多皴法都是从斧劈皴中脱化而来的，斧劈皴的笔触有大有小：大者称大斧劈皴，其笔触阔而长，多用于表现块面严整、坚顽凝重的大石或较近距离的石质峰峦；小者称小斧劈皴，笔触窄而短。高剑父此画多用大斧劈皴去体现轮廓方硬、筋骨外露的山体，整体观之有着扑面而来的凌厉张扬及艰涩凄厉的美感，有着强烈的视觉冲击效果和苍劲沉郁的艺术渲染性。画作中还兼具西洋素描的造型、运笔特点。例如，他在画树叶时，完全突破了传统的勾叶法和点叶法，采用了类似西洋水彩画的笔法，以强调树冠的整体形象。远山笔法亦然，由此造成一种云山雾罩、若隐若现的朦胧感，他借用日本画经验，渲染烘托出特定时空中晓月余晖、浮岚冷翠的诗意景象。当时的中国画坛讲求气韵模古，高剑父率先打破旧国画传统制式的模仿风气，体现出一种岭南历代绘画中罕见的霸悍之气。此画是高剑父早中期艺术阶段带有实验性质的作品，虽非尽善尽美，却体现出其开创时代新风的雄心壮志以及为此而付出的努力。

二、《月下孤城图》

1920年，高剑父出任广东工艺局局长，兼任广东省立第一甲种工业学校校长，在校创设美术科。翌年（1921年）倡办广东全省第一届美展，成立画学研究会，大力推行新国画运动。在创作《月下孤城图》的前一年，高剑父辞去了校长职务，在广州高第街设"怀楼"，专注画艺研究及教学。1923年于府学西街创设春睡画院，这之后数十年，他积极贯彻"联合起来建设新中国的新艺术"职志，潜心从事美术教育事业。

  这段时期，高剑父笔下的江山风物呈现出一种寂寥萧条的情调，例如《月下孤城图》这幅作品。该作为纸本设色，尺寸为135.5 cm×46 cm，于1922年作。观看此作，我们能看到在冷洌月色下，一座孤城隐映于树林之中。郁郁森森的树木以毛绒感的水墨虚化处理，构建出霭霭寒雾笼罩下一派朦胧的月冷、树冷、水冷景象。高剑父以留白的手法处理近处的溪水，与水岸两边的墨色形成强烈反差，仿佛月光照亮了水面。迷蒙月光与树冠淡影的间隙处，有一线飞鸟远去，更添画境意象之苍苍。在这幅作品中，高剑父仍吸收日本画技法，以横山大观的朦胧体片晕法，将线扩展成面，其中对空气、光影的表现手法，是过往比较少见的创新。整幅画作色调微暗中透着一丝落寞，一补传统中国山水画不擅表现夜景的短板，同时又保留了中国文人画的诗情画意，借景抒情，表达内心淡淡的哀愁。

  随着时间的推移，高剑父这种日式绵柔的笔触和浓郁的抒情风成了时人争论的焦点。他的这种艺术风格在国内虽然给人们带来了新鲜感，但也有人认为折中主义存在着一定的局限性。事实上，高剑父早年在日本不仅仅只是粗浅地临摹新日本画，学习其技法，他通过大量的写生练习将其中自然主义的博物学图像与科学的写实精神相融合，并注入艺术家个人对时代苍生的悲悯关怀，这些现实精神和人文关怀都深刻烙印在他的创作记忆中，一直延续到晚年。

三、《柳梢落月看悬蛛》

高剑父受其恩师居廉影响，十分重视现实生活题材的创作。在艺术探索过程中，他认为一味地摹古是没有出路的。他倡导的新国画革命十分注重写生，但又反对僵化写实，认为创作就是要在用笔、思想、结构、气韵上保持形式上的新和内容上的新。所以在晚年，他创作了许多颇具新意的作品，这些作品的题材不受传统制式的束缚，内容上雅俗不计，以写实为基础托物寄情。

《柳梢落月看悬蛛》为高剑父晚年代表作，此作完成于1949年，尺寸为118.5 cm×37.5 cm。柳梢落月虽是典型的西洋写实画法，但蛛丝却是以传统绘画语言描绘中式意境，取出门见喜之意。这样的落笔方式或有将历史往事尘封之意，但正是这样一种涉笔成趣，才有了极其自然的灵动画面。此作在构图上采用西方绘画技法，讲究空间透视关系，弱化传统笔墨程式。画家以柔和渲染手法绘制出远处深深浅浅的水面，皓月水光漫天，一墨色悬蛛居于明亮如银盘般的月色之中。下方的柳梢采用密集笔触，与月色的空灵形成鲜明对比，一动一静，一冷一暖，强化了场景的真实感。

四、《东战场的烈焰》

《东战场的烈焰》，纸本设色，尺寸为 166 cm×92 cm，高剑父于 1932 年创作。作品描述的是 1932 年上海闸北东方图书馆遭到日军轰炸后支离破碎的惨景。1924 年，该图书馆正式启用，是当时亚洲最大的图书馆，藏书几十万册。据新闻报道，东方图书馆虽然被炸毁，但建筑残骸还屹立在焦土上，如同纪念碑一样成为惨痛的战争见证。上海是高剑父追梦立业之地，遭到轰炸后却是一片废墟，火光冲天。悲愤而又无助的他，想用画笔来记录这一历史浩劫。他第一次将"战场废墟"这一主题引入中国画之中，用山水画技法以写实的方式记录真实的战争惨状。艺术的真实往往比历史的真实更具视觉冲击力,高剑父希望借助艺术的形式去表达中华民族所遭受的耻辱和苦难,以画救国,唤醒人们的爱国情感。

画作构图较为奇特,中间有一抹斜向的留白,前后景象依对角线分布,这种处理方式不仅凸显了高剑父独特的构图手法,也巧妙地体现了废墟所在时空的先后次序。淞沪会战结束后,高剑父反复查阅当时的新闻资料,仔细观摩那些倒塌的残垣断壁、漫天火光、朽木死灰等景象。他挣脱了纪实影像的时空限制,转而通过画笔和巧思去呈现图书馆被毁坏的不同角度以及对不同时空的观照。这种创造性绘画记录了不同的历史碎片,被高剑父有意安排在一幅画面之中。

《东战场的烈焰》前景描绘的是残破与混乱的废墟,高剑父把断壁残垣当山水去画,层层叠叠,既有废墟之间的相互掩映,又有空间的推进。形诸笔墨,及至细处,高剑父横逆皴擦墙体遗骸,斧劈皴勾斫断面,同时又用建筑画的写实墨线去勾勒出断壁轮廓。赭石层层渲染出火焰,笔墨为硝烟,漫天火光与烟灰笼罩着一个无法名状的惨烈世界。而留白之上的后景建筑骨架似山峦一样肃穆伫立,远处的街市楼宇在战火的映衬下逐渐消失。高剑父这种融合中国传统绘画和日本绘画的技法特征,突破了传统中国画的局限,再现了现代战争现场,加强了画面的真实质感，非常典型地体现了20世纪初期中国画写实改良的成就。

每当我们直视《东战场的烈焰》，它直接指向的是一个民族的命运，是90多年前还未散去的硝烟，是家国不幸和山河哀恸的写照。画家是以无比悲愤的心情来创作这幅作品的，以唤起民众的觉醒和抗争精神。画作右下角印章所刻"乱画哀乱世也"，真实体现了画家强烈的爱国主义和人道主义思想。

在几十年的艺术生涯中，高剑父历经了20世纪中国社会最为剧烈的救亡图存变革。毋庸置疑，他对现实世界的认识深度、对新生事物的敏感程度，远超同时代众多画家。他的绘画理念与其革命意志相得益彰，构筑了锐意进取的"新国画"理论，提倡"艺术革命"，主张汲取东西方写实主义绘画经验，进而将古今中外的艺术精华熔为一炉。"折衷中西，融汇古今"，成为岭南画派的显著特征。岭南画派的融合革新精神如春风化雨，给中国画坛带来了勃勃生机。

第四章

徐悲鸿：写实人生

第一节　徐悲鸿生平

徐悲鸿（1895年7月19日—1953年9月26日），原名徐寿康，江苏宜兴人，是中国现代美术事业的奠基者、杰出的艺术巨匠。基于徐悲鸿在绘画理论和实践上的卓越成就，在美术教育方面的巨大贡献，被国际评论誉为"中国近代绘画之父"。他学贯中西，将西方精湛的写实技艺融汇到中国绘画之中，开启中国现代现实主义美术之先河，为传统艺术的革新与发展拓出了一片新的广阔天地。徐悲鸿是开宗立派的艺术大家，他的作品直到今天依然享誉全球。

徐悲鸿这位渴望替人类叩问苍天的画家，不仅画马冠绝一时，而且深谙中西方各门类的绘画技艺。徐悲鸿画马之所以栩栩如生，是因为他既重视中国文人画的水墨表现，又重视西方素描的结构表达，线条描绘体现中式绘画的隐秀雄奇，墨韵笔致尽显中国文人画精髓，而造型方式则偏重于西式风格,这样的画法超前绝后。徐悲鸿画马其实是在画他自己,把自己的理想和喜怒哀乐寄托于马的身上,大笔挥洒之中,赋予马以新的时代情感和新的艺术形象,在当时的国内外画坛独树一帜。就是这样一位令人瞩目的大人物,却在自传《奔腾尺幅间》中这样写道:"吾生与穷相终始,命也;未与幸福为缘,亦命也。事不胜记,记亦乏味。"如果说徐悲鸿画马是在画自己,那么他究竟是一匹什么样的马,奔腾在一个怎样的艺术天地里呢?

徐悲鸿出生在江苏宜兴屺亭镇一户普通人家。江南水乡宜兴,是闻名遐迩的陶都。穿城而过的塘河一直是一条繁忙的水道,城东北角的河道上有一座屺亭桥,桥边的小镇就是徐悲鸿的故乡屺亭。在离桥不远的河岸上,有一座典型的江南农家院落,后院的小阁楼就是徐悲鸿儿时读书的地方。在这里,他接受了最早的启蒙教育,他的启蒙老师就是他的父亲徐达章。徐达章精通诗文、书法、篆刻,尤擅绘画,以教私塾糊口,同时还在乡间种着两亩瓜田,徐悲鸿的幼年时期就是在这种半耕、半樵、半读的生活中度过的。在父亲的影响下,年幼的徐悲鸿不仅打下了坚实的传统文化基础,而且爱上了绘画,并显露出了非凡的艺术天赋。徐悲鸿13岁那年,镇上闹饥荒,父亲便带着他外出卖画谋生,这一走便是好几年。父子俩相依为命,跋山涉水,走街串巷。在此期间,徐悲鸿见识到了许多西方画作，内心深处十分好奇和向往，便临摹起了烟盒上的时髦画像，并找寻动物标本进行摹画。这样一份对西画的喜爱，成了徐悲鸿"始游上海，欲习西画"的动力。3年后，父亲染上重病难以维持生计，徐悲鸿只得把父亲送回老家，然后只身前往上海。上海虽说是少年徐悲鸿心中的绿洲，而事实告诉他，人生地不熟的上海滩并不好混。徐悲鸿滞留上海数月，学画无门，卖画艰难，身上的钱所剩无多。这时，徐悲鸿父亲让人带来消息，家乡中学正需要像他这样的美术老师。返乡后的徐悲鸿担负起养家责任，每天天一亮就匆匆赶路，尽管他此时年纪尚幼，但绘画名声已经传遍四乡。为了能够多赚取几两碎银，他同时兼任了3所学校的绘画老师。3校之间相隔50多里（25余千米）地，每天的穿梭往返养成了徐悲鸿疾步如飞的习惯，超常的教研负荷不仅磨炼了徐悲鸿的意志，也让这位在穷乡僻壤自学成才的青年练就了不俗的写实本领。

随着辛亥革命的爆发，清王朝覆灭的消息很快传到了宜兴。科考制度的取消让徐家赖以生存的私塾开始变得门可罗雀、无人问津。此时的徐达章已病入膏肓，为了给重病的父亲冲喜，家人做主为徐悲鸿娶了一位素不相识的邻村姑娘。年仅18岁的徐悲鸿不满这桩包办婚姻，他给新生的儿子取名劫生。不幸的是，在接下来的短短2年间，徐悲鸿的妻子与父亲相继病故。此时他孤单而悲伤，不顾家人反对,把自己的名字改为悲鸿。虽屡遭不幸,但徐悲鸿没有萎靡不振,他想要往外走,走向更为广阔的天地,去书写自己人生的崭新篇章。

徐悲鸿打算再闯一次上海滩,刚好乡里前辈徐子明替他在上海寻到一份美术教员的工作,结果因他年龄太小,之前徐子明承诺的工作机会落了空。幸好徐子明又写信推荐了一份画图稿的工作给他,但彼时商务印书馆绘制插图的岗位竞争激烈,主编虽然看好徐悲鸿的画作,但也爱莫能助。徐悲鸿在上海举目无亲,又屡次碰壁,已是颜面无存。1915年的夏天,心情极度低落的徐悲鸿徘徊在黄浦江边,看着滔滔江水,一瞬间有了寻短见的想法,好在商务印书馆的友人黄警顽及时赶到,拦下了他。这之后,黄警顽邀请徐悲鸿与其同住,帮他分担生活压力,又将徐悲鸿介绍给了岭南画派两大画家高剑父、高奇峰兄弟。徐悲鸿心中又燃起了希望之火,幸运的是,他的满腹才华终于遇到了识才且爱才的伯乐。

黄震之,浙江吴兴人,是当时上海有名的富商,喜欢收藏书画。一次偶遇,黄震之见到了徐悲鸿的画作,他一眼认定徐悲鸿这个年轻人是难得的可造之才。在黄震之的帮助下,徐悲鸿总算有了一段安定的日子,不再为生计奔波,一心研习书画。然而一年之后,黄震之生意失败,濒临破产,不能再继续资助徐悲鸿了。此时正是大雪纷飞的隆冬季节，在走投无路之际，徐悲鸿抱着侥幸的心理画了一幅骏马图，试着给上海审美馆投稿，主持上海审美馆的正是高剑父、高奇峰兄弟。见到骏马图以后，他们给予了徐悲鸿极高的评价："虽古之韩干未能过也。"当年的高氏兄弟，恐怕并没有想到他们的回信催生了一位中国画改良的重要人物。他们不仅决定出版徐悲鸿的画，还以丰厚的稿酬请他再画四幅仕女图。徐悲鸿毅然当掉了自己唯一的棉袄换取颜料纸张，每天只买一个糍粑饭团充饥，作画期间几次险些饿晕过去。到了第五天，饥肠辘辘的徐悲鸿终于完成了画作，不过最后一枚铜板也花光了。就在徐悲鸿想方设法借钱活命之际，一张震旦大学的录取通知书送到了他的手中，上海审美馆也为他提供了可观的报酬。

此时他的好运才刚刚开始。当时上海有个哈同花园，是一位犹太富商建造的。哈同花园不仅拥有园林和别墅，还办了一所私人大学，学校推崇的是中国文字创始人——仓颉。经黄警顽推荐，读书窘迫的徐悲鸿根据古籍记载创作了一幅一米多高的仓颉水彩画，应征哈同花园的仓颉画像征集活动，得到评审教授的一致称赞，哈同花园便诚邀徐悲鸿担任美术指导。哈同花园珍藏了许多古今中外的图书、油画、金石、古玩、碑帖、雕刻等，徐悲鸿沉浸其中，忙于观摩，勤于临摹。这期间，徐悲鸿不仅绘画技艺精进，书法技艺也有了显著提升。就在徐悲鸿一面在哈同花园谋事,一面在震旦大学读书的时候,经同乡介绍,他结识了在震旦大学担任教授的蒋梅笙,这个勤奋刻苦的年轻人,成了蒋家的座上客,徐悲鸿由此与蒋家小姐蒋碧薇相遇相识。蒋碧薇倾慕于徐悲鸿的才华,徐悲鸿对蒋碧薇也颇有好感,即便此时女方已有婚约,但二人的爱情之火还是无可阻挡、轰轰烈烈地燃烧起来。1917年5月14日,在哈同花园管家姬觉弥的帮助下,这位从江南水乡走出来的穷孩子在历经磨难之后,终于获得远赴西洋研习绘画的机会。然而,踌躇满志的徐悲鸿此时并不知道,他的异国求学之路将会一波三折,非常艰难。

1917年的欧洲,第一次世界大战炮火正酣。随着战事延续到5月,从上海开往欧洲的航线被彻底阻断了。在这种情况下,原本已约定与蒋碧薇一起私奔前往法国的徐悲鸿,只能带着蒋碧薇前往日本东京,打算等战事平息后再去法国深造。没想到他们在日本一等就是大半年,盘缠耗尽,只得打道回府。然而,他并没有死心,决定去拜访大名鼎鼎的康有为。过去在哈同花园作画时,徐悲鸿就有幸与康有为相识,徐悲鸿的绘画才能深得康有为的赏识。徐悲鸿被康有为的渊博学识所折服,从康有为那里第一次听到了中国画改良的思想和论调。康有为认为当时中国的绘画衰敝至极,且因循守旧,因此他提倡学习西画写实技法。从日本归国后,徐悲鸿从康有为那里拿到了举荐信,前往北平寻找发展机会。辛亥革命之后，北平这座古老城市虽然充满了争权夺利的政治动荡，但倡导科学民主精神的新文化运动也在这里蓬勃兴起。1917年12月，徐悲鸿凭借康有为在北京的人脉，获得了公费出国学习的机会。

1919年5月10日，经过近2个月的海上漂泊之后，徐悲鸿带着妻子蒋碧薇终于抵达了巴黎，在这个举世瞩目的艺术之都开始了长达8年的留学生涯。徐悲鸿留学巴黎的那个年代，欧洲画坛早已经历了由古典艺术到现代艺术的过渡阶段，写实绘画早已不是主流，就连后印象派的凡·高也已去世30多年了。这时候的欧洲，抽象主义、立体主义、达达主义热闹登场。立志通过汲取西方美学精粹改良中国画的徐悲鸿，选择了与这些激进的艺术思潮截然相反的态度，执着地在古典大师的作品中寻找实现自己理想的路径。每次来到卢浮宫，徐悲鸿都流连忘返，法国新古典主义大师的作品深深地震撼了他。他既为作品中那些喷薄而出的革命浪漫主义气息而着迷，又被那种史诗般的宏大场面和严谨写实的绘画表现力所折服。徐悲鸿从来不是为艺术而艺术的形式主义大师，他一直主张为人生而艺术的现实主义，一直认为好的画作一定是写实的。

徐悲鸿以优异的成绩考取了巴黎国立高等美术学院，凭借天资和苦练，很快完成了石膏和人体素描两个阶段的学业。他的素描写生作品风格独特、造型准确、结构严谨、灵性十足。完成基础训练后，徐悲鸿师从精于肖像画的佛拉蒙院长学习油画，后又拜入法国写实派末代宗师达仰门下。在达仰的细心指导下，徐悲鸿不但画艺有了极大长进，而且变得更加清醒、自信。在徐悲鸿看来，真理是写实主义的本质，笔墨如果脱离了精准的造型则无以表达情感，而没有对真实生活细致入微的观察，则无法塑造精准的造型。画画的日子是快乐的，但现实的生活却并非如此快乐。虽说是公费留学，但事实上徐悲鸿和蒋碧薇两人只有一份生活费，而且这份生活费到1925年便彻底停发了。徐悲鸿四处借钱度日，辗转寻求安身之地，常年的忍饥挨饿，让年轻的徐悲鸿患上了终身不愈的胃病和肠痉挛。他的努力与付出终于有了成果：1923年，《老妇》入选法国全国美展；1924年，《箫声》《马夫与马》等作品在法国画坛赢得声誉；1927年，徐悲鸿的9幅作品同时入选法国全国美展，这在欧洲美术史上是史无前例的。在回国前夕，徐悲鸿画了一幅自画像，依然倔强而严肃的面庞上多了一份从容淡定，目光中透出的是对未来的信念，这一年，他33岁。

1927年11月27日，从法国归来的徐悲鸿夫妇住进了上海当时著名的富人区霞飞坊。在此之前，南京的国立中央大学已下聘书邀请徐悲鸿出任艺术系教授。安稳的日子没过多久，徐悲鸿的漂泊行踪就让蒋碧薇开始担心起来，除了每月有一半时间在南京授课，其余时间徐悲鸿并不常待在家中。此时的中国风雨飘摇、内忧外患，让一直以图强报国为己任的徐悲鸿深感不安。1928年，日军制造了济南惨案，屠杀中国居民1万余人，震惊国人。徐悲鸿抑制不住心中的悲愤，开始创作巨幅油画《田横五百士》。这幅巨大历史画作取材于《史记》，画面选取田横与五百壮士的诀别场面，渗透着一种悲壮气概，撼人心魄。这是他留法归国后第一次用西洋油画技法表现中国大型历史题材，表达中华儿女富贵不能淫、贫贱不能移、威武不能屈的品质，激励国人抗击日寇的斗志。

正当徐悲鸿忘我从事教学和创作之时，家庭矛盾爆发了。应田汉之邀，徐悲鸿刚一回国就兼职于南国艺术学院。徐悲鸿与田汉等人士的密切来往，早就引起了蒋碧薇的不满。当田汉因从事革命活动被捕入狱，徐悲鸿积极出面营救的时候，蒋碧薇再也无法忍受了，她逼迫徐悲鸿辞去了南国艺术学院的教职，举家迁往南京。徐悲鸿在南京的家是一幢风景优美的欧式情调小洋楼，这里经常高朋满座，文化沙龙和名流派对让徐家公馆闻名于南京的上流社会。可是，徐悲鸿却给这幢小楼取名为危巢，意为居安思危。

徐悲鸿为了推行自己的艺术主张，除在国立中央大学教书，还不遗余力地发现人才，提携了一大批艺术家，同时还选送年轻的学子到法国留学。

1933年,徐悲鸿再一次出现在法国巴黎,不仅仅是来看望留学生的,更重要的是给欧洲带去了一个前所未有的中国近代绘画展览。他先后在法国、比利时、德国、英国、意大利、苏联等国巡回展出,轰动了当时的整个欧洲,每到一地都获得了极高赞誉。徐悲鸿被当时的各大报刊冠以名教授、大画家等头衔,然而,这些耀眼的光环却无法冲淡国内社会危机带给他的悲愤。

回到南京后,徐悲鸿开始真正践行自己的艺术理想。这期间,中国画坛史无前例的鸿篇巨制在他的笔下一一诞生,徐悲鸿在中国绘画史上首次尝试了大型历史人物题材的创作。继《田横五百士》之后,巨幅油画《徯我后》再次震撼了当时的画坛。这幅取材于古籍《尚书》的画作,描绘的是一群在暴虐统治下受苦受难的百姓期盼拯救的历史场面,此时的徐悲鸿已将视角转向劳苦大众。徐悲鸿的创作很快就引起了当局一些高官的恐慌,甚至有人跑来警告蒋碧薇,不要让徐悲鸿再进行这种危险的创作了。但是,徐悲鸿并没有因此止步。

徐悲鸿画室的灯光总是到深夜才熄灭,而当他拖着疲惫的步伐回到家里时,他看到的常常是一幅上流社会的欢宴场景。这种令蒋碧薇乐此不疲的生活方式,却让徐悲鸿十分反感。蒋碧薇也因疑神疑鬼而阻拦徐悲鸿和女学生孙多慈的往来,并想方设法取消了孙多慈的公费留学名额。

徐悲鸿一气之下远走广西，从此夫妻二人的情分走到了尽头。

就在这时，"卢沟桥事变"揭开了全国抗日战争的序幕。徐悲鸿拿起画笔创作了《放下你的鞭子》《石猴》《愚公移山图》《会师东京》等鼓舞人心的抗日宣传画作。他南下辗转于东南亚、印度等地举办画展，为抗战募捐。他把所有卖画收入都捐献给祖国，并全力救济流离失所的难民和烈士遗孤。1941年，徐悲鸿准备前往美国办展时，珍珠港事件的爆发阻断了他的行程。不久，日军入侵新加坡，徐悲鸿被迫回国。

1943年，为了筹建中国美术学院，徐悲鸿专程来到广西桂林，取回他在战火中藏匿于七星岩的一批图书教材。就在徐悲鸿登报招聘图书管理员时，他与年轻的廖静文偶然相遇了。廖静文对眼前这位可亲、可敬师长的执着追求和奋斗历程充满敬佩，徐悲鸿也被聪颖过人的廖静文所吸引。日复一日的朝夕相处，让两人一步一步地跨越了年龄鸿沟，最终结为伉俪。

1946年，徐悲鸿受蔡元培邀请，担任国立北平艺术专科学校校长。为了扭转中国画重于模仿、缺乏生活气息的颓风，徐悲鸿一上任就开始了大刀阔斧的教学改革，这所培养中国美术人才的重要学府至今依然延续着徐悲鸿当年创立的教学体系。这种在油画、国画创作中引入素描作为教学基础的教学体系，经过徐悲鸿与蒋兆和的共同努力、不断完善，最终成为整个中国美术教育的基础体系。1946年的北平依然笼罩在战争的阴云里，国共两党的大决战悄然拉开了序幕。两年之后，南京政府决定迁走学校，撤走名人政要，徐悲鸿也在南撤名单之中。但面对国民党方面的恐吓和利诱，徐悲鸿依然坚持留在北平。北平解放前夕，国民党守军将领傅作义邀请各界文化名人就北平的前途召开会议征询意见，在大家沉默不语的时候，徐悲鸿第一个挺身而出，对傅作义晓以民族大义，劝他与共产党和平谈判，让千年古都免于战火。

　　1949年10月1日，徐悲鸿在北京见证了新中国诞生。1950年4月1日，国立北平艺术专科学校更名为中央美术学院，徐悲鸿被任命为院长。同年，他当选为全国政协委员和全国美术家协会的第一届主席。年过半百的徐悲鸿异常忙碌，他不仅深入基层、奔赴工地，为劳动模范和志愿军战士画像，还创作了油画《毛主席在人民中》。正当徐悲鸿以全部热情投入新中国美术事业时，长期的身体透支和积劳成疾让他猝然倒下。1953年9月23日，在全国文代会主席台上，正在主持会议的徐悲鸿突发脑出血，被送往医院抢救。1953年9月26日凌晨2点52分，徐悲鸿的心脏停止了跳动，年仅58岁。58年的人生实在过于短暂，却也熠熠生辉。58年间，徐悲鸿尽管饱尝生活磨难，但执着追求理想的奋斗精神从未改变。

第二节　作品解析

一、《愚公移山图》

《愚公移山图》，纸本水墨，尺寸为 143 cm×424 cm，于 1940 年完成。该作是徐悲鸿投入巨大热情、倾注较多心血创作的画作。这幅作品体现了画家深厚的美学修养和极高的技法造诣，代表了中国现代绘画发展的新方向。徐悲鸿先后画了三稿《愚公移山图》，前两稿是小型油画，最后一稿是巨幅水墨画，是定稿之作。在这幅以中国古代神话故事为题材的作品中，徐悲鸿用当时少见的裸体形象表现了愚公带领子孙不畏艰难挖山不止的主题。徐悲鸿一生都在弘扬愚公移山精神，早年历尽艰辛去西方学习是为了实现他改良中国画的理想，在学业有成、荣归故里之后，面对满目疮痍的祖国，他将手中的画笔变成了救国救民的利器。徐悲鸿对这个古老神话故事的再阐释，没有停留于简单的形式语言上，即在绘画风格中谋求简单的中西合璧，而是正本溯源，回到中国文化生成的价值源头，在那里去寻觅中华民族沧桑巨变背后持之以恒、百折不挠的奋斗精神。这幅作品的创作时间正值中国艰难抗日期间，在国难当头之际，《愚公移山图》的横空出世撼人心魄，徐悲鸿用遒劲的笔触让作品充满大无畏的英雄主义气概。

在构图和笔墨色彩技法上，《愚公移山图》既利用了中国画线描的表现力，又融汇了西式素描造型的准确性，以前无古人的独创形式表现主题。在处理构图布局时，经徐悲鸿反复修改，最终决定以从右至左、从前往后的格局展开画面。在画作右侧，主要以淡墨晕染出开山者的肤色，以硬笔墨线勾勒出高大的男子轮廓。他们肌肉虬结，体格魁梧，动作表情各不相同，腰背如弓弦般蓄力待发，双臂奋力挥舞着铁耙砸向地面石块，形体真实生动、气势昂然。和右侧紧绷状态不同，画作左侧构图较为松散，男女老少精神饱满，姿态较为放松自如，高低不一的身形塑造显得画面图素安排错落有致。徐悲鸿用较为写实的手段，以恰到好处的结构、比例、形体、明暗、空间关系营造出画面左右侧深远的空间感和层次感，并以中国传统绘画技法上的白描、勾勒等表现手段交代出了两种不同的视觉张力和美学特点。徐悲鸿所坚持的中国画改良，在保留传统国画特色的基础上，用笔、用墨，尤其是营造气势，都比前人有较大突破，同时在造型、体感、光与色的融合上都进行了前所未有的优化和弥补，使得"中西合璧"达到了登峰造极的水平。

二、《六骏图》

徐悲鸿画马，常常借以抒发忧国忧民之情。《六骏图》，尺寸为 94 cm×177.5 cm，创作于 1942 年，正值中国抗日战争最艰苦的时期。他用"天马精神"寓意中华民族的奋发图强，用画作表达对民族复兴、国家强盛的强烈渴望。

画作用笔雄厚淋漓，设色清淡，线条刚健，表现的是勇往直前、豪放奔驰的六匹姿态各异的骏马。六匹骏马奔腾奋进的雄壮豪迈气势可以用"所向无空阔，万里可横行"来形容，视觉冲击力极强。为了更好地表现动物造型，精准把握其动态和神情，徐悲鸿的动物画速写稿有不下千幅。他对实物真实形貌的研究十分透彻，为此还专门学过马的解剖，极其熟悉马的骨架和肌肉组织。《六骏图》在中国画笔墨造型中融合了西方绘画的体与面、明与暗的分块造型方法，同时运用了中国传统没骨法，辅以稳健有力的线条和阔墨，准确而生动地勾画出马的头、颈、腹、臀、腿等结构要部，以力透纸背的墨色笔势挥写马的狂放鬃尾，使得其形态潇洒自信且精神抖擞。色彩上施以重墨、辅以变化有致的淡墨，烘托出马匹的丰富立体造型，特别是毛色的过渡极为细致巧妙，充满艺术感染力。观此画，能强烈感受到万马奔腾的气势。徐悲鸿借马抒情、以马育人，激励中国人民自强不息、进无止境，体现了徐悲鸿悲怀天下、鸿搏人生的精神境界。

作为近现代中国杰出的画家和美术教育家，徐悲鸿对中国美术事业的发展有着卓越的贡献。他短暂的一生犹如他所画的马一样，充满热血，奔腾不息。他一生所倡导的写实主义艺术精神，确立了中国绘画的写实主义发展方向，有着划时代的意义。徐悲鸿认为艺术家应该是时代精神、社会风尚、人民感情的倡导者和实践者，国画创作不应只是简单描绘事物，而应通过对事物精神内涵的表现来反映现实社会生活，这种观念对中国画坛的影响重大而深远。

第五章

林风眠：调和中西艺术的先行者

第一节　林风眠生平

林风眠（1900年11月22日—1991年8月12日），名绍琼，字凤鸣，后改为风眠，广东梅州人，是画家和艺术教育家。他曾是世界上最年轻的艺术院校掌门人（国立北平艺术专科学校校长），也是国立杭州艺术专科学校（现更名为中国美术学院）的首任院长。作为20世纪中国美术教育的重要奠基者和20世纪中国绘画形式美学的杰出先行者，林风眠开创了中国现代主义艺术审美和表现形式。他倡导的"兼容并蓄"学术思想成为中国美术学院办学90多年来始终坚守的学术脉络，他身体力行的"东西融合"艺术道路开启了中国艺术教育发展的新征程。他创作了许多惊世画作，并培养出了如吴冠中、李可染、朱德群、赵无极等一批足以撑起现代中国美术半壁江山的杰出学子。

1900年11月22日，林风眠出生在广东省梅州市梅江区白宫镇阁公岭村的一户贫困人家。因为先天不足，差点被父亲丢弃在村外后山里,命悬一线之时,母亲冲出门外拼命把他抢了回来。从此,母亲成了弱小的林风眠生存下去的唯一希望。林风眠的母亲叫阙阿带,瑶族人,非常美丽。林风眠5岁时,一个秋天的午后,他见到母亲在小河边洗头,她的头发犹如丝带般飘逸,长长的,很美,这个画面成为他终生难忘的记忆。在小风眠的心中,母亲的形象一直是伟大的、神圣的,是希望和美好的象征。考察林风眠的创作生涯,不难发现,静谧、凄美、伤感的侍女形象在其作品中反复出现,很多研究学者认为这些作品寄托着林风眠对母亲深深的眷恋之情。林风眠在后来的文章里多次提及记忆中母亲姣美的容貌,而字里行间也满是童年的艰辛往事。出身卑微的母亲一直不受族人待见,连自己的丈夫对她也没有什么好脸色。在族人的眼中,这个山野女人完全不懂礼教规矩,林家娶她的唯一理由:穷。在林风眠的记忆中,7岁之前,故乡的风是梦幻幽静的。他在菜园田垄之间愉快玩耍,还在族里的学堂里识字,并在石匠出身的父亲教导下临摹《芥子园画谱》。这段时光是林风眠一生中最快乐的时光,但很快被一场悲剧彻底毁灭。7岁那年,母亲不堪忍受家庭折磨,与村里一名年轻的染坊工私奔。母亲被族人抓回,遭受痛打并游街示众,随后被绑在村口,浇上火油,准备处以火刑。生死攸关之际,幼小的林风眠愤怒地拿起了刀,一边哭喊一边追着要救回母亲。林风眠的拼死抵抗虽然暂时保住了母亲的性命,但母亲最终仍被族人卖掉,或是被偷偷浸了猪笼,具体结局不得而知。这之后,对于林风眠来说,故乡的风是压抑凄楚的。没了母亲,林风眠便日日跟着石匠爷爷上山打石头。面对如此无情的现实,林风眠内心那巨大的悲愤、寂寥也被揉碎了化在风里,从此相随。童年的记忆和对母亲的思念,让后来成为艺术大师的林风眠在其一生中反复以"劈山救母"为主题进行创作,这是他一辈子不能解脱的情结。

1915年,15岁的林风眠在梅州中学读书。在这里,林风眠遇到了他人生中的第一位美术老师梁伯聪,正是这位梅州历史上最后一位能书善画的秀才,引领林风眠进入了艺术新天地。由于早年随父学画,林风眠的基本功得到了梁先生的赞赏,他发现这个学生善于创造性发挥。求学期间,林风眠志同道合的友人从海外带回了一些画册和书籍,里面那些色彩丰富、形象逼真的西洋插图,让他感到十分新奇,也让他看到了另一个不同的艺术世界,并因此心生向往。随着20世纪初西风东渐的潮流,中国青年学子的留洋热潮逐渐兴起。1919年7月,中学刚毕业的林风眠从友人林文铮那里获知第六批留法勤工俭学的消息。于是这个自幼便想要离开家乡,并对西洋艺术有着美好憧憬的年轻人便毫不犹豫地来到了上海,登上了开往法国的轮船。

1920年1月，这个怀揣着艺术理想，从梅州山区赤脚走出来的乡下青年终于踏上了法兰西的土地。

当时的欧洲艺术主流已从古典的写实主义悄然过渡到了现代主义。除了部分美术学院保留的基础教学科目，照相机的出现使得西方艺术家们逐步摆脱古典主义的造型方式，转而探索自由表达主观意向的艺术手法。那么，满腔热情、不远万里前来学习西方艺术的林风眠，会选择一条怎样的艺术道路呢？

林风眠在进入巴黎国立高等美术学院之前，在法国的第一站便是语言学校。半年之后，他进入了第戎国立高等艺术学院，平日里靠做油漆工的收入来维持生计。在学院院长杨西斯的画室，林风眠接受了西方现代艺术与思想的双重启蒙，对艺术的理解和追求发生了重大改变。他觉得艺术不再是儿时临摹的《芥子园画谱》或是少时喜爱的西洋画片，而是天马行空的想象与思考。林风眠独特的绘画天赋让杨西斯院长惊叹，十分惜才的他推荐林风眠转学到巴黎国立高等美术学院。

进入巴黎国立高等美术学院后的林风眠，拜著名油画大师柯罗蒙为师。当时，大师的画室里还有一位中国人，那就是后来大名鼎鼎的徐悲鸿。不过，徐悲鸿此时学习的是古典写实技法，林风眠则选择了现代主义之路。在巴黎国立高等美术学院，林风眠感悟到艺术不只是简单的机械描摹，而且强调主观感受和注重个性化的自由表达。林风眠在不断地观摩与实践中广泛吸收了后印象派、野兽派、立体派的艺术风格和绘画技巧，他个性化的艺术风格探索，也正是从这个时期开始起步。

一年后，杨西斯院长这位十分了解东方艺术的浮雕家专程来到巴黎国立高等美术学院看望林风眠，看到林风眠的画作时，他给予的不是赞扬，而是严厉的批评。他诚恳地说："你是一个中国人，你可知道你们中国的艺术有多么宝贵的优秀传统，你怎么不去好好学习呢？走吧，走出学院的大门，到东方博物馆、陶瓷博物馆去，到那儿富饶的宝藏中去挖掘吧。"杨西斯的话犹如当头一棒，让林风眠猛然醒悟。他开始走出学校，去各个博物馆里学习，找寻几千年来中国传统艺术的富饶宝藏。在参观法国的东方陶瓷博物馆时，第一次看到中国古代精美陶瓷和绘画珍品的林风眠激动不已，他开始折服于中国传统艺术的超凡魅力。在这样的艺术氛围和生活方式的浸润下，林风眠不仅在艺术创作上收获颇丰，而且还确立了融合中西绘画技艺的艺术理想。

1923年，应好友邀请，林风眠与同学结伴来到德国观摩、写生、游学。1924年初，林风眠与德籍新婚妻子回到了巴黎。就在幸福的生活拉开帷幕之际，林风眠没有料到，又一场厄运令他痛不欲生。林风眠的德国妻子在产后不久患上了严重的产褥热,很快便离开了人世。祸不单行,不久新生儿也不幸夭折。悲痛至极的林风眠使用祖父传给他的雕刻技艺,没日没夜地凿刻了一块石碑,把它安置在爱妻墓前。在林文铮等好友的撮合下,一年后他与第戎国立高等艺术学院雕塑系一位叫爱丽丝的女同学结婚了。虽然这场婚姻从未破裂,但在漫长的人生岁月中,夫妻二人总是聚少离多。

1924年5月,首次中国美术展览会在莱茵宫开幕,引起巨大轰动。在这次展览中,林风眠的参展作品共计42幅。此时的林风眠已经把欧洲现代主义艺术和中国古典工艺美术相融相汇,形成了中西调和的基本艺术面貌。正是在这次展览上,林风眠与中国著名教育家蔡元培相遇了。蔡元培致力于以西方文化技术改造中国传统教育,他来巴黎主要是为祖国的教育事业物色人才。这次邂逅,让林风眠之后的人生命运发生了改变。蔡元培有意邀请林风眠回国担任国立北平艺术专科学校的校长。对于蔡元培的赏识和信任,林风眠兴奋不已,他终于可以回国施展满腔抱负,践行纯粹的艺术理想,展开虔诚的艺术追求。

1926年3月5日,林风眠正式出任国立北平艺术专科学校校长,他由此成了迄今为止全世界最年轻的艺术院校掌门人。在林风眠当时的设想中,他要按照欧洲美术学院的建制和教学体系,把这所学校打造成为国际一流的艺术殿堂，并让美术美育在国民中普及开来。他认为东西艺术各有所长，也各有所短，两者是一个互补关系，可以取长补短。作为调和中西艺术的具体措施之一，林风眠邀请了当时颇具争议的大画家齐白石来校任教，还请来法国画家克罗多来教授油画。他希望齐白石的传统艺术形式和克罗多的新印象主义画风能给中国的绘画教育注入新鲜血液，从而培养出一批实践他艺术理想的新生力量。

1927年，注定是中国近现代史上极不寻常的一年。怀着满腔热情的林风眠看不到外界风云变幻的严峻形势，只想开展一场轰轰烈烈的艺术运动。这年5月，北平艺术大会在国立北平艺术专科学校正式开幕。这场大会的宗旨在于集中艺术力量、促进社会艺术化、普及美术教育、提升国民艺术修养。大会以绘画展览、音乐和戏剧表演为内容，通过刊物和张贴于街头巷尾的海报标语进行大规模的艺术宣传。由于部分作品直讽现实，激怒了刚刚执掌北平政权的奉系军阀刘哲，他公开批评国立北平艺术专科学校，陷害林风眠。一时间舆论四起，当局声称要将其枪毙，最后还是张学良出面，林风眠才躲过一劫。在混乱的时局下，在残酷的现实面前，一介书生林风眠要实现以艺术改变社会的理想是何等的艰难！

被迫辞去国立北平艺术专科学校校长职务的林风眠，在挫折面前并未却步。他坚信只有让广大民众了解和接受艺术，艺术才能够求得真正发展。他的坚持再次得到了蔡元培先生的支持，1928 年，林风眠被任命为国立艺术院（后更名为国立杭州艺术专科学校，现为中国美术学院）的首位校长。在国立杭州艺术专科学校这座艺术的象牙塔里，林风眠开始了他人生中最得意也最惬意的 10 年岁月。这里远离嘈杂，生活安定，使他能静下心来研究中西艺术融合发展的方法路径，继续践行自己中西调和的艺术理念。从此，林风眠担负起了中国绘画艺术创新发展领路人的重任。杭州画室窗外风景如诗如画，青波泛舟，云树成趣。林风眠曾说，置身画室像是睁着眼睛在做梦，西子湖畔的梦境一直延续到了他的晚年。在他的笔下，杭州是林间的小鸟，是飞翔的鹭燕和寂静的空山，此后的林风眠与这里的湖光山色结下了深深的情缘。在此期间，林风眠不仅静心作画，还潜心提出了一系列开创性的美术教育理念。或许是生活及心情影响了创作方向，倚湖畔而栖居、聆湖山之鸣响的林风眠，这一时期推出的作品由灰黑色调转向明朗色调，写实转向写意，象征变为表现，画作整体呈现清新脱俗的情态。林风眠始终认为艺术是创造的冲动，他用自己的毕生所学将国立杭州艺术专科学校打造成了中国新派艺术家的摇篮。在林风眠的直接影响下，赵无极、吴冠中、朱德群、李可染等一批学子在这里开始他们的艺术生涯，追随他走上了艺术成才之路。

1937年7月,抗日战争全面爆发,林风眠告别妻女,带领国立杭州艺术专科学校200多名师生在钱塘江码头坐木船向西而行。日军侵华不仅影响了中国现代史,也深刻影响了中国现代艺术的发展进程。林风眠与师生员工带着大量的图书和教具汇入难民大潮,向西南转移,颠沛流离,经历艰险。就在流亡途中,国立杭州艺术专科学校与国立北平艺术专科学校奉命合校,改称国立艺术专科学校,废除校长制,改为校务委员制,林风眠任主任委员。因与教育部及校内某些负责人意见不一致,林风眠痛而辞职。走之前,他为全校师生留下了四个字:为艺术战!此后,林风眠在重庆嘉陵江畔一排破旧的仓库里过着半隐居的生活,全身心地致力于中西艺术的汇通与融合,不知疲倦地埋头作画。由于物质条件较差,油画颜料短缺,他的画作不再是巨幅尺寸。他平时总是省着用纸作画,纸张也是不看材质的,能着色就行。这一时期,整个华夏大地都笼罩在残酷战争的阴影中。不再是校长的林风眠并未因生活苦难而意志消沉,他用大笔挥写湘西、贵州一带的山川人物,湿漉漉的浓郁的山、茫茫的水、离不开背筐的妇女……国土沦亡大半,残山剩水实可悲。在这个破败的地方,一种全新的画风诞生了。因为个人风格太过强烈,被称为"风眠体",其诗意画作蕴含着淡淡的哀愁。

抗战胜利后,1946年,林风眠抛弃了所有行李,只带画作回到了杭州。抗战期间，他的别墅成了日军兵营，自己的几幅巨幅油画只剩下一些支离破碎的布条。

1951年春，因为个人的艺术追求在当时显得不合时宜，作品注重自我表现不符合大众口味，创作理念也不太实用，无奈之下，林风眠黯然离开了杭州，携全家迁往上海。因没有固定收入，林风眠在上海的生活非常清苦。1955年，在巨大的生活压力之下，林风眠的妻女移居南美投奔亲戚，已经55岁的他孑然一身。虽然艺术观点与时流不合，但上海美术界环境不错，沈柔坚等美术界同志对林风眠很理解，给了他足够的艺术创作和社会活动空间。很快，林风眠又沉浸在孤静的快感里埋头作画，继续着对中西艺术调和的探索。这个时期，他的艺术创作达到了前所未有的高度。他大隐都市，却素写山林；他心绪盘结，却放笔生机。生活的磨砺在他的笔下演化出了宁静平和的山川，仿佛一片超现实的梦想，广阔的静谧与安宁透着生命的气息。东西方艺术在他的画纸上融汇，最终演变为突破了传统时空、浓墨重彩、大喜大悲的戏剧人物。笔下万象，有荒山烟雨、湖山迟暮、蕙草飘零，有雏鸟繁花、仕女孤坐、鹭鸶嬉戏。20世纪五六十年代，林风眠正是用诗心雅格，化作振翅群鸟，奋力划破云和水的寂寥。

"文化大革命"结束后,已经78岁的林风眠在校友叶剑英的帮助下,经香港去巴西与亲人团聚。仅仅两个月后,他又独自一人返回了香港。晚年的林风眠深居简出,埋头作画。尽管生活相对拮据,但林风眠的艺术创作却有了自由表达的空间。这位风烛残年的老人在香港完成了自己调和中西艺术的绝唱。

1991年8月12日,林风眠病逝于香港,享年91岁。临终前,他留下遗言:"我要回家。"尽管林风眠在19岁离家求学后就再也没有回过家乡,但是不难看出,他对家乡始终怀着深深的思恋之情。家乡虽然有他一生一世都迈不过去的坎儿,但更有让他无法割舍的亲情和记忆。

第二节 作品解析

一、《宝莲灯》

　　林风眠的传世名作颇多,其中不乏戏曲人物画作。林风眠创作戏曲人物画,最早的探索始于20世纪40年代初,真正展开大量的创作是在20世纪50年代。1951年,林风眠因其绘画观点遭到严厉指责,便托病辞职搬到上海,专心在家进行艺术探索。在此期间,受酷爱戏剧的艺专教授关良的影响,林风眠经常和朋友、学生结伴去看戏,不仅看京剧,也看昆曲、绍兴戏,逐渐喜欢上了戏曲艺术。每次看戏,林风眠都会带上一个小画簿,随手记下有特色的戏剧脸谱图案和服装道具。戏剧带给林风眠最大的启发不是故事情节和唱腔韵味,而是其自由的时空观念。他从研究国粹艺术的角度去理解以立体主义为代表的西方现代艺术，探索运用立体主义表现手法来弥补中国传统绘画中因注重主观意向的时间性表达而忽视画面空间张力的不足。

林风眠充分利用戏曲题材，将连续的动作、时间的流转和时空的转换表现在平面的绘画中。在《宝莲灯》（纸本设色，尺寸为69 cm×66 cm）中，林风眠用画作表现了沉香救母的情景，这正是艺术家内心对母爱最真实的呼唤和渴望。虽然林风眠从梅州中学毕业离家后就再未返回过家乡，但他一直没忘打听母亲的下落，也曾多次派人回乡找寻，但始终没有结果。

从形式上来看，《宝莲灯》有着大量立体主义及未来主义的表现手法。林风眠以立体主义手法从多维角度展现舞台场景，以未来主义手法生动地呈现戏曲演员的肢体运动轨迹和舞蹈动作。值得一提的是，画作的人物造型是中西结合的形象，既有着中国民间皮影戏平面化、卡通化、程序化的特点，而柔和的线条、流畅的身体轮廓又透着西方艺术大师莫迪利安尼的味道。林风眠对人物面部的描绘极具东方写意特点，表现了东方女性所特有的古典秀丽韵味。画面的空间、物象的界限都以色彩来强调和定义，这种创作技法与野兽派不谋而合。

林风眠的戏剧人物画作系列，既含有中国民间艺术元素，又呈现西方现代艺术风格。他的作品因在主题表现上多呈现抗争、怒火、离愁等情绪，所以具有浓郁的抒情和表现主义特征，其中后期的作品都有着独特的个性风貌，凸显了含蓄与美的力量感。

二、《白衣仕女》

20世纪50年代中期，林风眠在创作上进入了高峰期，此时的他隐居在家，潜心于中西调和的艺术探索。林风眠饱含激情，坚守个性理念和自由表达，其笔下独具神韵的人物画，譬如仕女题材作品，在中国20世纪美术史上是一座令人敬仰的高峰。林风眠喜欢画仕女美人，一方面源于对母爱的向往和追寻，另一方面源于对唯一女儿林蒂娜的思念和牵挂。

林风眠笔下的仕女不同于中国古典画中的女性形象，也非西画中艳腻的裸女。他从佛像、敦煌壁画、京剧女性人物装扮中获取灵感，在将其转化为创作元素的过程中，加入了西方立体主义及装饰主义风格的精炼造型。《白衣仕女》（纸本彩墨，尺寸为69 cm×69.7 cm，1954年作）这幅作品体现了林风眠对中国传统文化的审美和感悟。两弯柳眉、两片凤眼、一点文鼻，两笔晕出杏唇，一条细线描出鹅蛋脸型，用笔娴熟自信，画出了东方女性优雅恬静之美。画作在重彩之上叠加流动利落的白线、白粉，形成了透明质感的轻盈薄纱，也勾勒出了仕女莹润柔和的身姿，将东方仕女的雍容风度和优雅气韵展露无遗。初看《白衣仕女》，便能感受到画作的静谧、空灵、沉郁。画中右侧瓷瓶的细长造型与女子的修长体态构成呼应，柔和的黄色花卉在硬挺的白色瓷瓶中静美绽放。林风眠将客观形态的白衣仕女与主观意向的艺术化身并置入画，用西方艺术形式展现艺术家的东方情思。

三、《鱼鹰》

林风眠的故乡广东梅州风景优美，失去母亲的小林风眠，终日沉浸在自己的世界里。他每日守着太阳东升西降，看着峰峦阴晴暗明。或许是童年生活记忆太深，长大后的林风眠一直对自然风光题材十分青睐。在国立杭州艺术专科学校教学期间，他更提倡学生多"向自然学习"，认为身边万物皆为创作素材。但同时，他又强调艺术创作不应简单模仿自然，而要学会自由创造。1958年，他与关良、吴大羽等画家在上海市美术家协会的组织下遍访黄山、苏州、舟山等地写生，积累了大量的绘画素材。

作品《鱼鹰》便是林风眠基于这次写生的所见及所悟，

于 1960 年完成的。该作为纸本水墨，尺寸为 68.5 cm×68 cm。在《鱼鹰》里，后景运用墨色晕染出山河，前景运用收放自如的硬线抽象描绘出渔船的帆网，两只鱼鹰立于两船中间的船沿之上。画作整体结构清晰简洁，空间纵深层次表现十分完美。中国画自古重抒情意境的写意表达，文人画更将此特点发挥到极致，却也束缚了对空间布局的经营。林风眠通过借鉴西方风景绘画的空间构图，将画面横贯分构为多个层次，利用中国传统水墨画的留白特点，引入西画对于户外光影变化的捕捉，随着近大远小的景物安排，在由前至后的画面层次推进间，轻松自由的画面气氛洋溢而出，形成画面秩序上的新韵律。对于这种创作手法，林风眠总是信手拈来。

初看《鱼鹰》，会觉得墨色层层叠叠，似乎压抑沉重；细细品味，却又觉得画作天真洒脱，用笔虽简，但笔力苍劲肆意，孩子气十足，一如这幅画所展现的林风眠彼时的心境写照：虽历经战争流转、事业受挫，却仍对大自然、对艺术保有一颗纯真的赤子之心。

四、《双鹭》

林风眠一直主张在艺术创作中寻求个性化表达，主张抛弃刻板描摹的创作理念。他认为艺术不论东西，都需要汲取本民族的文化营养，在此基础上再去进行自由创造。他强调通过引进西方艺术技法来振兴中国绘画。他的作品既有西画现代技法的创造性运用，又有东方绘画诗性表达的创新性发展，这是他执着追求的艺术理想，其抒情诗意的视觉语言从未在画作中消散。20世纪五六十年代，林风眠笔下多见各色形态的鹭鸶，寥寥几笔线条，就能随性勾勒出几只栩栩如生的鹭鸟。

《双鹭》（纸本设色，尺寸为67 cm×67 cm，1965年作）中两只鹭鸶在河边觅食，形态优雅高洁。画家用笔疏放简洁，画面干净、纯粹、清爽。尤其是鹭鸶身后在风中摇曳的芦草，墨色浅浅淡淡，既为画面增添了些许萧瑟、野逸的诗意，又使得画面富于变化，规避了两只鹭鸶几乎并排的四条竖直线条的腿所造成的呆板感觉。画家在作品中参用了中国民间的瓷画笔触，让瓷画爽利、流动的笔墨特点与鹭鸶修长优美的体形仪态相得益彰。

林风眠对形、色、线条的处理，有别于传统中国画，似乎更接近于西画的表现手法，背景横向的笔触轻扫出水天一色，不仅营造出辽阔的空间感，也衬托了鹭鸶洁白明净的身体，烘托出画面苍茫隽远、幽静淡泊的意境。对于这种中西融合的特点，林风眠可谓是信手拈来。综观整件作品，郁沉的色调中透露着清明，悲凉的气氛中涌现出勃勃生机，这或许正是林风眠当时心境的写照。

　　林风眠的一生，历经了翻天覆地的百年时代变迁，见证了中华民族百年文化艺术的艰辛探寻。家园情结的不舍和艺术人生的隐忍，被滤作视觉之诗，烙印在其具有东方造化诗性的作品之上。林风眠，一位有着中国人传统审美意识的现代派画家，以其独特的中西调和艺术语言，立起了东方艺术复兴的一面学术旗帜，向整个20世纪的世界艺术视野传递出一种中国诗意。正如他的学生吴冠中所言，无论是从东方向西方看，还是从西方向东方看，都可看到屹立的林风眠。

第六章

蒋兆和：为民写真

第一节　蒋兆和生平

蒋兆和（1904年5月9日—1986年4月15日），四川泸州人，初名万绥，后改名兆和，是20世纪中国伟大的人道主义画家，被誉为现代水墨人物画的一代宗师。蒋兆和自学成才，从教50年，一直为培养优秀国画人才而精进不休，为我国绘画艺术及美术教育事业发展做出了卓越贡献。

1904年，在经久不息的川江号子声中，蒋兆和出生在四川泸州小市卿巷子，一个没落秀才家庭。泸州小城古朴宁静，因水而活，因水而美，水运码头的繁忙成就了泸州小市的人来人往、商贾云集。离江不远处有一座具有川南特色的四合院，这就是蒋兆和的家。蒋兆和的父亲是清末秀才，擅长书法、绘画、诗文、辞章，以教私塾为生。蒋兆和的母亲没有接受过教育，终日操持家务。蒋兆和从小就跟着父亲上私塾，学习四书五经、唐诗宋词和书法。曾经颇有名气的川南师范学堂（前身为川南经纬学堂）距离蒋兆和家不到 3 km，是在维新运动的推动下创建的，是四川第一所新学学校。蒋兆和跟着父亲念四书五经的时候，新学学校里的孩子们就已经开始学习语文、算术、体育等课程。新学学校的开办，使得上私塾的学生大幅减少。

1915 年，蒋兆和父亲的私塾最终歇业。蒋家在泸州本是三大书香门第之一，而到了蒋兆和父亲这一代，入仕无缘，坐吃山空，家境逐渐败落。后来，父亲又抽上了鸦片，蒋家微薄的收入都拿去买大烟了，导致全家经常揭不开锅，母亲绝望自尽，给蒋兆和带来了巨大打击。父亲堕落，母亲离世，赚钱养家的重担就落在长子蒋兆和身上。

1917 年，年幼的蒋兆和开始在照相馆画背景，这是他人生的第一份工作。因家里穷，蒋兆和买不起碳精粉，就琢磨着自制。他点燃蜡烛对着碗熏烧，把浓黑如墨的烟尘当碳精粉用，居然收到以假乱真的效果。就这样依靠着蒋兆和的绘画手艺，蒋家五口艰难度日。后来实在没办法，他便出租了祖上留下来的部分老宅，以赚取租金，养活家人。蒋兆和家所在的小市卿巷子离码头很近，船工、挑夫、贩夫常年聚集在这里，热闹非凡，蒋家大部分房客就是这样一些穷苦人，蒋兆和因此接触到了大量的劳苦百姓。从幼时开始，底层人民的辛苦劳作和点点滴滴的悲与喜就深深地烙在了蒋兆和的脑海里，最终潜移默化成为他人生刻骨铭心的车尘马迹。

早在1843年，上海就被辟为国际通商口岸，外国资本家纷纷在上海设厂开店。为宣传推介商品，他们将上海原有的小校场木版年画融入商品广告之中，于是"月份牌"（融入商品广告的单页年历）便出现了。"月份牌"画面除了有商品宣传，最初表现的大多是中国传统题材形象，如中国传统山水、仕女人物、戏曲故事场面等，后来逐渐演变为时装美女。其艺术手法最初为中国传统工笔淡彩或重彩，后来发展为细腻的西洋擦笔水彩写实，成为旧上海的时尚标志。画一张"月份牌"可以挣一百大洋的消息传到泸州，让蒋兆和怦然心动，他决定离开家乡，去上海闯荡。

1920年秋末一个阴雨绵绵的早上，蒋兆和攒够了一张下等船票的费用，和另外两位求学青年一起从泸州登船，前往上海。这一年，他16岁。沿江而下的蒋兆和，懵懵懂懂憧憬着未来。但来到上海以后，美好愿景瞬间破灭。因找不着工作，不仅考学无望，而且生存也成了问题，同行的伙伴知难而退打道回府了。蒋兆和性子倔，即便衣不蔽体、食不果腹，不得已到垃圾站里捡剩饭、剩菜吃，也不愿意灰头土脸返乡。后来，远在泸州的父亲写信联系到上海的远房亲戚，请他为蒋兆和介绍工作。蒋兆和在上海的第一份工作是给一个牙刷厂的经理画人像。拿到第一份薪水之后，蒋兆和便有了靠画肖像来养活自己、攒钱上学的打算。然而在那个年代，大多数人连吃饱饭都很困难，哪还有钱请人画肖像呢？残酷的现实让蒋兆和的愿望很快落空，无奈之下，他又求助于那个亲戚，找到了一份在先施百货公司画插图和广告牌的工作。1921年之后的8年间，蒋兆和一直在此谋生。之后，他转到新新百货公司，从事橱窗和商标设计，还在琦华商店做过服装设计等工作。这期间，蒋兆和用手绘花体美术字制成广告牌，陈列在公司门前，一时领风潮之先。

蒋兆和较为前卫的作品获得当时同在上海的漫画家叶浅予的关注。在南京路站稳脚跟以后，蒋兆和的收入不断增加，不仅能每月寄钱回家，还有了一些积蓄。于是，他买了画册自修素描和油画，尝试将西方美术技法融入人物肖像画之中。此时的他是一个杂家，在素描、油画、装饰艺术等方面都有涉猎。上海很早就是各种文艺思潮、美术展览的交汇中心，给了好学上进的蒋兆和锤炼艺术基本功的大好机会。西方艺术的写实技巧、油画作品的丰富色彩、文艺复兴的人文思想和批判现实主义精神极大地拓宽了蒋兆和的艺术视野，同时国内残酷的社会现实强烈地冲击着他的内心世界。

1925年5月30日，上海发生五卅惨案。蒋兆和有感而发，创作了第一部现实主义油画作品《江边》（又名《黄包车夫的家庭》），全面展现了底层家庭遭遇不公与不幸的生活场景。1929年前后创作的《苦役》《慰》等装饰画作品，以象征性的图形语言表达了蒋兆和对底层百姓的关怀、对自由和爱情的渴望。亲身体验过人间疾苦的蒋兆和，对于百姓的贫困生活有着来自灵魂深处的共鸣，关注人的生存权利、直面社会不公问题成为他的艺术创作主题。

1927年，先赴日本、后赴欧洲求学的徐悲鸿留洋归来，与他一同而来的还有西方绘画写实主义精神。这位有着卓越绘画才能的年轻人回到上海美术界后引起了不小的轰动。经二人共同的朋友黄震之介绍，蒋兆和结识了徐悲鸿。徐悲鸿眼光锐利，一看到蒋兆和的作品，就觉得他有奇才、大才。徐悲鸿主张在国画改良中吸收西方绘画技艺，注重光影表现，讲求对所绘对象形体和骨骼的准确把握。那时的中国画坛很少有蒋兆和这样关注百姓苦难、以劳苦大众为创作主题的画家，于是，徐悲鸿就嘱咐蒋兆和要坚持以写实精神深耕现实题材。蒋兆和也认为唯有写实主义才能表现出劳动人民的悲惨命运。相似的生活遭遇和创作理念，让蒋兆和与徐悲鸿二人惺惺相惜，蒋兆和成为徐家的常客。由于没有上过正规学堂，缺乏美术方面的专业训练，蒋兆和很想像徐悲鸿一样去巴黎求学。为此，徐悲鸿尽力为他联系出国求学之事，徐悲鸿的夫人还亲自教他法语，以备出国之用。

由于种种原因，蒋兆和的出国留学之事最终未能如愿。1929年，蒋兆和带着油画作品《江边》、装饰画《慰》参加了第一届全国美展，引起了国立中央大学艺术系主任李毅士的关注，李毅士邀请蒋兆和去国立中央大学教授图案。就这样，只读过4年私塾、自学成才的蒋兆和因一个展览而当上了知名大学的美术教员。这一年，25岁的蒋兆和与34岁的徐悲鸿成了国立中央大学的同事。徐悲鸿对蒋兆和非常器重和爱护，慷慨地邀请蒋兆和住进他的画室，且一住3年。画室里摆放着许多徐悲鸿从国外带回来的西画藏品，让既没接受过高等教育，又没有接触过西方艺术的蒋兆和大开眼界。西画中的人物塑造技艺深深地感染着蒋兆和，伦勃朗、达·芬奇等大师的作品让他如获至宝。国立中央大学体面的工作和不错的薪酬，让蒋兆和不再因生活问题而疲于奔命，从而有充足的学习时间来提高自己，这使得他的人物素描、油画造型、肖像雕塑的功底日渐坚实。从泸州到上海，从上海到南京，年轻的蒋兆和一直沿着长江求生、求学，可以这么说，在南京生活的3年是蒋兆和一生中最美好、最快乐的时光。

  1930年雨季来临之时，蒋兆和和徐悲鸿一同离开南京，前往上海美术专科学校任教。不到2年的时间，蒋兆和平静的校园生活就被日军的枪炮声打破。1932年1月28日，淞沪会战爆发，蒋兆和前往前线为蔡廷锴、蒋光鼐两位抗战将领画像。这两幅人物油画像由上海良友出版社大量印刷发行，蒋兆和因此而名声大噪。此后不久，上海美术专科学校突然发生人事变动，蒋兆和被迫离职，他重新回到了13年前初闯上海时的生活原点，贫困潦倒，不得温饱，大冷天只能烧些旧报纸取暖。屋漏偏逢连夜雨，1933年，从家乡泸州传来噩耗，蒋兆和的父亲去世了。此时的蒋兆和少年意气消失殆尽，变得少言寡语，有一段时间几乎在上海画坛销声匿迹。

1935年初秋，一位老乡邀请他去北平开画室授徒，这让万念俱灰的蒋兆和看到了一线希望，他当即北上，接手老乡画室。因他刚来北平，还没有闯出名气，画室学生很少。他勉强坚持了2年之后，决定关了画室，返回家乡。1936年9月，阔别故土16年的蒋兆和回到了泸州。因泸州没有画家生存发展的土壤，于是他又沿江而下前往重庆。此时的重庆正经历着大饥荒，颗粒无收的难民只能采食观音土充饥，因而每天都有涨腹哀嚎而死的人。天灾、人祸、战争、流亡，老百姓遭遇的种种困厄都让蒋兆和感同身受。他相继创作了《卖小吃的老人》《朱门酒肉臭》《缝穷》《卖线》《车夫》等一系列倾注悲悯关切之情的作品。

从上海的淞沪会战到重庆的大饥荒，蒋兆和坚持用钢铁般的笔力展现民族悲壮、民生潦困的社会现实。这之后，蒋兆和回到北平，在中央饭店举办了生平第一次个人画展，这也是中国现代绘画史上第一个以现实社会老百姓形象为题材的水墨人物画展。这次画展共展出蒋兆和的70多幅作品，传统笔墨设色加入西画技法的画作，让当时的北京画坛大感新鲜，北平的报纸杂志纷纷予以报道。画展的成功给蒋兆和带来一线生机，很多学生慕名而来，希望跟蒋兆和学画。然而，开课没几天，卢沟桥事变爆发，33岁的蒋兆和身陷北京，内心极端苦闷彷徨。1938年，蒋兆和被北平京华美术学院聘为素描教授，后又受聘为国立北平艺术专科学校图案系素描教授。1941年，蒋兆和自费出版了第一本画册，并因此与画友萧琼结缘。萧琼毕业于国立北平艺术专科学校，曾拜齐白石、王雪涛门下学画。她被蒋兆和的画册深深打动，便邀请蒋兆和为自己的父亲画像。两位青年画家初次见面时虽然没有说上几句话，但彼此心里却悄然产生了爱慕之情。

1941年，日军大规模扫荡华北地区，老百姓生活在水深火热之中，蒋兆和觉得平常的画幅已经容纳不下中国人的苦难。1942年5月，蒋兆和赴上海、苏州一带，考察南方沦陷区人民的生活状况。经过3个多月的秘密走访和调查，《流民图》在蒋兆和的心中逐渐成形，随后，他回到北平酝酿作画。1943年11月29日，《流民图》在北平太庙首次展出。为了躲避日伪当局的巡查，《流民图》被迫改名为《群像图》，前来参观的群众络绎不绝。这幅巨作以百位中国同胞的悲剧性造像，展示了战争给中国人民带来的深沉苦难。静静走过那漫长而悲凉的画卷，观者无不泪流满面，现场哀思如潮。这次展出惊动了宪兵队，展出仅3个小时即遭到查禁。

《流民图》完成的第二年，蒋兆和与萧琼举行了婚礼，40岁的蒋兆和终于有了家，从那时起，他们两人的命运就与《流民图》紧密相连。《流民图》在上海的展出依然惊动了日军，他们以借阅为名将画作掠去，直到日本投降，《流民图》一直杳无音信。抗战结束后，蒋兆和不仅没找到《流民图》，还因为国民政府的甄审运动而失去了教职工作。这是蒋兆和从16岁离开家乡以来的第六次失业。1946年1月，徐悲鸿出任国立北平艺术专科学校校长。初春时节，蒋兆和把自己的部分作品和《流民图》照片拿给徐悲鸿看，徐悲鸿静静看完《流民图》，进一步加深了对蒋兆和的了解。甄审运动结束后，徐悲鸿正式聘任蒋兆和为国立北平艺术专科学校教授。

1949年10月1日，中华人民共和国成立，蒋兆和与他笔下的人物一起苦尽甘来。中华人民共和国成立初期，他创作了《女民兵》《春天来了》《小孩与鸽子》《给志愿军叔叔写信》等展现新中国风貌的现实主义题材画作。1950年，国立北平艺术专科学校与华北大学美术系合并，成立中央美术学院，蒋兆和继续任教，教授素描和人物写生。针对长久以来传统国画和现实生活脱节这一问题，20世纪50年代初，中国美术界开展了关乎国画前途命运的大讨论。时任中央美术学院院长的徐悲鸿一直为国画改良而奔走，他认为素描写生为一切造型之本，这一观点遭到很多传统派画家及学者的强烈反对。在这场关于国画是否应取材于现实生活、国画教学要不要学习素描的争论中，蒋兆和始终是徐悲鸿的忠实拥护者。二人的艺术追求及创作理念相通，他们都很重视中国现代人物画的造型、结构问题和水墨人物画的升华问题。为了平息争议，蒋兆和连续发表了《新国画发展的一点浅见》《关于中国画的素描教学》等论文，探讨如何在写生创作过程中构建既体现中国画特征，又赋能造型升华的素描教学基本原理与方法，即用中国画笔墨体现西方绘画技法，在西画光影结构和国画白描设色之间取得平衡的基础创作教学体系，这套体系被称为"徐蒋体系"。至此，徐悲鸿所力推的创作教学理念在蒋兆和等人的努力下日臻完善，终于行满功成。可以说，蒋兆和是徐悲鸿创作教学体系的集大成者及推进者。

1953年，是蒋兆和大喜大悲的一年。春天，来自上海的信件告知他，《流民图》找到了。虽然画作因保存不当只剩半卷，但看到失而复得的《流民图》，蒋兆和还是潸然泪下。然而，秋天，他失去了人生中最重要的师友——徐悲鸿。9月26日，徐悲鸿逝世，蒋兆和悲痛欲绝。早年他在上海漂泊的时候，是徐悲鸿给他指出了现实主义的创作方向；后来在国立中央大学任教，是徐悲鸿让他住进自己的画室并有机会学习西画技艺；抗战胜利后，徐悲鸿又把他聘为国立北平艺术专科学校教授；中华人民共和国成立后，二人又共创"徐蒋体系"。徐悲鸿的英年早逝，让蒋兆和痛彻肺腑。

1957年，蒋兆和应邀去莫斯科参加现代中国画展，展出了残留的半卷《流民图》。这是《流民图》唯一一次出国展览，引起了巨大轰动。当时的苏联美术界给予蒋兆和高度评价，认为蒋兆和的艺术是人道主义艺术，是引人共鸣的现实主义艺术。而在1966年之后的10年里，《流民图》再次下落不明。直到1978年，党的十一届三中全会召开后，《流民图》重见天日，这之后，蒋兆和将《流民图》献给了国家，此画现藏于中国美术馆，成为该馆镇馆之宝。

岁月无情，老年的蒋兆和虽然失去了踏访现实生活的能力，但心境通达平和。一生都在奉行现实主义精神的他，晚年沉浸于对历史人物的深度追问。在蒋兆和创作的众多历史人物中，最有名的当属杜甫。1956年，蒋兆和笔下的杜甫牵马荒郊，仰天长望。1959年，蒋兆和笔下的杜甫眉头紧皱、双唇紧闭，画中题道："丹青不知老将至，富贵于我如浮云。"1981年，蒋兆和笔下的杜甫已步入晚年，在画的左上角，蒋兆和写道，深感杜翁一生为国忧民，写此景以抒我怀。老百姓给蒋兆和留言："蒋兆和，你就是当代画坛的杜甫。"

1986年4月15日凌晨1时,蒋兆和在北京协和医院溘然长逝,终年82岁,一代宗师永远告别了这个曾经给予他独特的生活机缘、情感体验、生命追问、人生辉煌的艺术世界。

第二节 作品解析

孟德斯鸠说过:"人在苦难中才更像一个人。"人们未必能共情于幸福,但苦难是可以引发共鸣的。在传统中国水墨画的审美情趣里,山水画为一品,花鸟画为二品,人物画最次。千百年来,文人士大夫关注的多是孤高雅致的山水花鸟画作,很少有人将真实的人间疾苦付诸画笔。但极具变革思想的蒋兆和却爱画芸芸众生,他认为"如果创作离开了人民,艺术则无从谈起",他以美学观念和现实精神致力于表现现实人生、表达人文关怀。蒋兆和目睹了九一八事变后东北三省老百姓的流亡生活、八一三淞沪会战的冲天炮火、七七事变后的华北惨景,悲愤难抑,便将老百姓真实的血泪和苦难倾注于《流民图》(纸本设色,全卷尺寸为 200 cm×约 2700 cm,1943 年作)之中。他以雕刻般的写实力度、壁画式的描绘技法创作出这幅群像式的悲剧性作品,中国水墨画史上最伟大的反战题材巨作就此面世。

作画过程并不容易，当年环境过于恶劣，为了躲避日伪当局的盘查，蒋兆和在装裱《流民图》前甚至没见过自己的画作全貌。他把长卷形式的大画分割成单张小图，把描绘轰炸的画面藏在箱子里，再分段式对人物进行刻画。这幅巨作画有100多人，每个人物大小以真实比例表现。当年的裱画师刘金涛回忆，因《流民图》尺幅过大，师傅们只能到街边的路面裱画，并特意选在天光熹微的时候低调作业。没想到大清早出摊的小贩、货郎、居民都围了过来，看画的人越来越多，警察来了都赶不走。

蒋兆和在落墨挥毫间，对人物表情的特写和个性的刻画十分细腻传神，底层百姓的艺术形象立体而鲜明。作品通过对100多位无家可归的难民躲避日军轰炸、在死亡线上挣扎的痛苦情状的塑造，展现出侵略者造成的生灵涂炭、饿殍遍地的人间悲剧。画面之中有紧捂双耳的老人、跪地祈祷的老妇、仰天长号的男人，有惊恐无助的瘦弱孤儿、痛苦望天的凄惶女人、低头垂泪的挑夫走卒，还有惨死的幼儿和绝望的母亲。这幅划时代的作品所表现的不是单个家庭、局部地区的悲哀，而是整个中华民族从北方至南方、从城市到乡村、从劳苦大众到知识分子所遭受的战争屠戮，表达了画家对劳苦大众的深切同情，对民族危亡的悲愤以及对光明的渴望，作品给人以生机和力量。

1989年4月15日，蒋兆和去世三周年祭日，浮雕《流民图》在四川泸州玉蟾山落成。这是按原作1.5倍放大而雕刻的山崖浮雕，是故乡人民对蒋兆和的纪念。

蒋兆和，这位中国现代水墨人物画的一代宗师，通过创作的《流民图》等一系列反战作品，为现代中国水墨人物画在反法西斯战争的世界艺坛上确立了崇高地位。他的艺术主张与实践不仅为中国水墨人物画由古而今的变革提供了重要支撑，更为当代中国水墨人物画的多元化发展奠定了坚实基础。他的为民写真精神值得我们永远铭记。

第七章

吴冠中：风筝不断线

第一节　吴冠中生平

吴冠中（1919年8月29日—2010年6月25日），江苏宜兴人，中国现当代著名画家、美术教育家。吴冠中致力于探索油画民族化、国画现代化，善于抓住中国绘画的美学特征，创造性地将西方绘画的形式美与中国传统绘画的意境美有机融合，探求绘画艺术的革新，开拓了抽象主义的中式美学。在创新不止、成就迭出的艺术道路上，吴冠中走得很远。他曾说："在艺术和生命之间，我选择艺术，我不要命，我要艺术。"对艺术极其虔诚的他，一生创作了无数作品，几乎每幅作品都是20世纪后期中国绘画艺术的新注解。经过岁月沉淀，这些绘画精品辉煌依旧，艺术价值与影响力日益彰显。

1919年是中国近代历史上一个承前启后的重要时间节点，历经数年积蓄而成的思想文化洪流在五四运动中彻底爆发，中国由此进入新民主主义革命时期。这一年的8月

29日,吴冠中出生在江南水乡江苏宜兴县闸口乡北渠村一个普通农民家庭。宜兴地处太湖西岸,水陆交错,河道纵横,千百年来,这里的农户以种田和捕鱼为生。吴冠中的爷爷虽然是农民,但有一定文化,在当地小学担任教师。子承父业,吴冠中的父亲一边务农一边教书。吴冠中的母亲是一位家道破落大户人家的女子,是个文盲,一家人守着几亩薄田过日子。吴冠中的童年总体来说是无忧无虑的,尽管弟弟妹妹的降生,使家庭负担变得越来越重,但因其父母持家有方,所以日子过得虽然节俭,却也不愁温饱。

吴冠中初小毕业后,打算到和桥镇县立鹅山小学去读书。为了考上这所名校,他努力学习,最终通过了竞争激烈的入学考试。在县立小学上学,食宿费、学杂费算是比较昂贵的,家里几乎所有积蓄都供他读书了,日子过得紧巴巴。小小的吴冠中感同身受于父母的辛苦操劳,在人生道路上第一次品尝到了除欢快外的新滋味。这也激发了他的上进心,暗自发誓要拼命学习、永争第一,以改变贫穷的命运。聪慧好学的吴冠中不负众望,第一学期成绩就名列全班第一,最终以优异的成绩从高小毕业,正可谓"茅草窝里要出笋了"!面对如此优秀的儿子,父母欣喜不已,决定不惜一切代价支持吴冠中继续求学,谋得一份好前程。皇天不负苦心人,吴冠中1932年考取了颇有名声的无锡高等师范学校。为了节省路费,吴冠中的姑父、父亲轮换摇着小渔船，一程程水路送他赶赴无锡上学。因吴母卧病在床，未能替吴冠中准备好行装，吴父便在渔船上为吴冠中缝制棉被。于是，破旧篷船中吴父低头缝补的背影便成了吴冠中一生难以磨灭的记忆。埋头做针线活的慈父、摇摇晃晃的渔船是那么的亲切、那么的令人难忘。后来在《父爱之舟》中，幼年的吴冠中感叹："我什么时候能够用自己手中的笔，把那只载着父爱的小船画出来就好了！"父母的疼爱、岁月的静好，让吴冠中萦绕于怀。无论走得多远，吴冠中魂牵梦萦的尽是美丽乡愁，童年的水乡记忆成了吴冠中终生无法割舍的创作底色。

1934年的中国内忧外患，社会形势动荡起伏，全国各地不断掀起爱国救亡的抗日热潮。肩负家人期许的吴冠中并没有遵从父愿，选择在师范毕业后当一名教员，而是转学到了极难考进的浙江大学附属工业学校电机科。那时的吴冠中认为工业救国是大道，15岁的他带着热血报国的激情和对未来发展的憧憬来到了杭州。有人说，若不遇朱德群，就没有画家吴冠中，这话不假。吴冠中与朱德群相识于1936年夏天杭州南星桥附近的军训营里，学工科的吴冠中与学艺术的朱德群成了一见如故的挚友。那年暑假，朱德群带吴冠中参观了国立杭州艺术专科学校。吴冠中当即决定弃工从艺，投考国立杭州艺术专科学校。吴冠中难以自拔地迷恋上了这个他从未见过的新世界，那些极具魅力的画作和雕塑牢牢俘获了他的心灵，他心甘情愿为艺术所奴役。此时吴冠中父母正砸锅卖铁供他读书学技，对于吴冠中这种不问前程、不计后果的选择是强烈反对的。吴冠中不听父亲的劝告，也不考虑今后的出路，痴迷般做出了选择：他要学艺！他深知，学艺术苦海无边、前途未卜，等待他的可能是失业和潦倒。他不怕苦、不怕输，唯独怕的是父母的失望。于是，他暗下决心，要像弃医从文的鲁迅那样，弃工从艺，学出名堂，以艺术报国，这个选择彻底改变了吴冠中的一生。

在朱德群的悉心帮助下，经过一年的努力，吴冠中顺利考入了国立杭州艺术专科学校。当时的国立杭州艺术专科学校校长是留法归国的著名美术教育家林风眠，他大力推行以调和中西艺术、创造时代艺术为理念的现代美术教育模式，强调非写实的、充满艺术个性的自由创作。吴冠中一边学素描和油画，一边上国画课，这种全新的学习模式令吴冠中受益匪浅，更为他日后对中西艺术的融合探索奠定了坚实基础。然而好景不长，1937年抗日战争全面爆发，国立杭州艺术专科学校的师生们被迫向西南撤离，这一路迁徙十分艰难困苦，时不时遇到日机轰炸。学校搬迁到了昆明，吴冠中等人借小学暂住。因学校图书馆藏有石涛、八大山人等人的画册，即使当时空袭频繁，吴冠中也天天去临摹。他完全不顾空袭可能带来的生命危险，请求管理员将他反锁在图书馆内，独自在馆内一遍又一遍地临摹《南画大成》里的那些中国古代画卷。正是得益于对这本画集的反复临摹研习，吴冠中不仅打下了坚实的传统绘画基础，更是对中国传统艺术精神和绘画美学观有了深刻的理解。

1942年，在经历了长达7年的艰难求学生活之后，吴冠中从国立杭州艺术专科学校毕业，他选择在当时的重庆大学建筑系担任助教。在大后方重庆，日军的轰炸已经持续4年之久。对个人命运和国家前途都无法预知的吴冠中没有泯灭对艺术的憧憬，他一边到处请教、自学法语，一边寻找远赴艺术之乡法国学习绘画的机会。

1945年8月15日，中国抗日战争胜利。一年后，吴冠中获得了公派赴法留学的名额。赴法学艺之前，他与在重庆结识的朱碧琴举行了隆重的婚礼。1947年7月，汽笛长鸣，吴冠中搭乘美国"海眼"号邮轮从上海出发，远渡重洋前往欧洲。至此，吴冠中的艺术逐梦迎来了新的篇章。在海上漂泊一个多月后，吴冠中终于来到了梦寐以求的巴黎国立高等美术学院。这所享誉全球的著名艺术学府，培养了一大批改写世界艺术史的人才。从法国巴黎起源的新艺术运动、装饰主义运动等都在世界范围内掀起了新浪潮，带来了新气象，整个欧洲大陆的艺术家讨论的都是充满批判精神的现代主义和前卫艺术。当时的吴冠中在老师林风眠的影响下，不仅打下了扎实的绘画基础，而且掌握了现代艺术的表现形态和风格特征。吴冠中利用东西兼修的优势，在传统与现代并存的巴黎国立高等美术学院研习中优先选择传统学院派进行绘画学习，接受写实训练。开放的学习方式与氛围，正好契合了他的艺术追求。半年后，打下良好写实基础的吴冠中开始系统学习现代主义绘画。他的老师是法国大画家让·苏弗尔皮。苏弗尔皮的画作气势宏伟，既有古典主义人文关怀的传统情调，又有对先锋艺术的多样探索。他在颜料运用及色调处理上极具现代性，结构造型具有极强的内在表现力。拜入苏弗尔皮门下后，吴冠中找到了绘画艺术的新视角，即在不同图案所蕴含的诗意与感性节奏上求得美学和精神上的和谐。

1948年，在苏弗尔皮的推荐下，吴冠中的作品入选久负盛名的巴黎春季沙龙和秋季沙龙画展，并获得好评。1949年，毕业前夕，当导师主动提出为吴冠中的继续留法深造申办法国政府的公费资助和延长签证时，吴冠中犹豫了，在留与归的选择中踯躅徘徊，只因此时的祖国发生了翻天覆地的变化，中华人民共和国成立了！消息传来，吴冠中心潮澎湃，思绪万千。虽然巴黎国立高等美术学院的艺术环境很好，但吴冠中始终有着极强的民族自信心，他觉得法国的灯红酒绿与自己毫不相干，故乡同胞都在为建设祖国出力，作为海外学子有义务回家参与到艺术报国的火热实践中去。

  1950年夏天,吴冠中下定决心,辞别巴黎,启程回国。在回国的海轮上,吴冠中在速写本的空白处记录下自己当时的感受:我想表现,表现我那秀丽家乡的苦难乡亲们,表现小篷船里父亲的背影和摇橹的姑父……我没有取到玄奘那么多的经卷,但我取到的一些造型艺术的形式规律也是要经过翻译的……这个翻译工作并不比玄奘的轻易,需要靠实践来证明什么是精华或糟粕,我下决心走自己的路,靠自己的脚印去踩出这样一条路。回国后,在国立艺术专科学校同学的推荐下,吴冠中任教于中央美术学院。然而,满怀抱负的他却在教学时遇到了障碍。对于吴冠中中西融合发展的现代艺术观念,学生听不懂也不想了解。在他所教授的素描基础课堂上,学生作画时只有写实技巧的展露,少有情感表达。因为此时的中央美术学院崇尚的是以列宾为代表的苏联绘画体系,教学目标和方向也朝着现实主义题材绘画发展。吴冠中的艺术理念与追求和时局格格不入,他在法国学到的现代主义艺术理论在现实教学中没有多大用处,这让他大受打击。1953年,始终难以融入现实主义教学体系的吴冠中被调离中央美术学院,来到清华大学建筑系担任讲师,在这里,他也只能教授素描和水彩这类基础课程。吴冠中并不甘心于主流艺术圈的排挤,他安静地教学作画,终于等来了机会。

1956年，吴冠中以副教授职称被调入刚刚成立的北京艺术学院，担任油画教研室主任。从那时起，他开始有机会频繁外出写生，并进行油画民族化的改革探索。吴冠中的足迹踏遍大江南北，以风景油画创作为主导的写生之旅为他的艺术世界开辟了新天地。他的作品既有西方艺术的构架，又有浓郁的中国特色，山水草木在表现主义的加持下展现出独特的神韵。然而，1964年，就在吴冠中纵情于山水之间忘我写生的时候，北京艺术学院突然宣布被撤销，他被调入中央工艺美术学院，无奈地回到了繁忙的基础课讲师工作中。更糟糕的是，一年后，吴冠中患上了严重的肝炎，他不得不放下画笔，到处治病。

1970年，吴冠中和200多名美院师生被下放到河北省鹿泉县李村进行劳动改造。之前5年的寻医问诊，吴冠中的肝病始终不见好转，下放后又得了严重的痔疮，他的身体难以承受这种双重病痛的折磨。病情严重时，吴冠中彻夜难眠，精神几度崩溃。为了不让肉体的痛苦占据大脑，吴冠中选择拼命作画，宁可死于创作，也不屈服于病魔。就这样，他在与病魔抗争的日子里完成了大量的李村风景画。透过这些风景画，人们强烈感受到北国乡村的淳朴自然之美，同时也感受到了吴冠中强烈的艺术生命力。春去秋来，如同画作里勃勃生机的草木生灵一般，吴冠中一身病症居然自愈了，他执着于为艺术而亡，结果却是向死而生。

1973年,吴冠中被调回北京,恢复健康的他重新开启了写生之旅。他一改在李村那3年的油画创作方式,开始在不同的写生地寻找新的表达方式,并尝试用水墨进行风景创作。那时的吴冠中如同打通了任督二脉,西方现代主义的艺术张力和磅礴大气的水墨笔法开始在他的画笔下融合,逐渐形成了"油画民族化"和"国画现代化"的独特创作内涵。

吴冠中热爱自然,对自然之美有着敏锐的感知。从20世纪70年代开始,在此后的30年间,他疯狂写生的足迹遍布祖国各地的名山大川,创作出了一大批令人耳目一新的优秀作品,而他也因此登上了更大的人生舞台。从1979年起,吴冠中的艺术生涯开始真正走向辉煌。随着改革开放的春风,吴冠中的绘画作品展在中国美术馆隆重开幕。他作品中的独特形式美打通了中西艺术之间的壁垒,让美术界为之惊艳,得到广泛认可。

此后,吴冠中开始不断地以自己的艺术思想和艺术实践展开现代绘画的改革探索。他发表了多篇言辞尖锐的文章,大胆质疑传统创作观念,认为油彩与水墨并不是泾渭分明的,是可以通过绘画的多样性和形式美来融通的。他认为国画笔墨不能一味地追求程式化的笔法墨法,因为创作者需要从生活中获得领悟和感受,再用减法或者抽象概括的形式来绘制所思所见,使作品形态超然的同时又与真实生活相关联。这就是吴冠中著名的"风筝不断线"理论。虽然吴冠中的观点在当时引起了学术界的激烈争论，但他仍旧无畏率真地探索西方现代绘画与中国传统艺术的关联性，洞察两者在文化精神、造型法则及语言方式上的贯通点，创造性地发展出一种走在时代前沿的崭新创作风格。他的艺术理论与实践对中国新时期的美术发展方向产生了重大影响。

　　从1984年开始，吴冠中在世界各国进行交流讲学，举办个人画展。其将油画色粉和国画笔墨的开创性结合，把西画的直观生动性和色彩的丰富细腻性与中国传统艺术的审美理想融合到一起，立起了中西绘画艺术融合的一座高峰，将中国水墨画推向了全世界。1991年，大英博物馆第一次为一位在世的画家且是东方画家举办个人画展，这位画家就是吴冠中。法国文化部也向他颁发了法国文化艺术最高勋位。尽管吴冠中的国际影响力日益攀升，画作拍卖价格屡创新高，但吴冠中心中只有纯粹的艺术，生活方式极其简朴。除了低调生活，他还严肃对待自己的作品，不允许任何平庸之作流入收藏市场，不满意的作品不是烧了就是撕毁了。2002年，83岁的吴贯中当选为法兰西学院院士，成为继赵无极、朱德群之后，中国艺术家在法国获得的最高荣誉，这三位林风眠先生的高徒被国际艺术界誉为法兰西三剑客。

年轻时的吴冠中痴迷于油画的色彩，天命之年后，他回归水墨，创造自己的画境。尽管此时的他已屡获殊荣，但这位耄耋老人却依然不辞劳苦地进行风景写生创作，风餐露宿也乐在其中。奔波于江南海北的写生路上，吴冠中始终不忘乡愁，于是乎，水乡故里频繁出现在他晚年的艺术作品中。吴冠中对故乡的情感是热烈而清澈的，烟波飘渺、草长莺飞、小桥流水的景象一直不断地浮现在他的脑海里。水乡之梦如同幼年那艘承载着温情父爱的小船，连同粉墙黛瓦一起，晃悠悠地驶入画中。这个时期，他笔下的江南水乡如诗如梦，点点绿荫、片片白墙、袅袅水波幻化成生命的律动和跳跃的音符。这些画作饱含吴冠中漫长的艺术实践参悟，极具乡土气息和时代风貌，凝练的用笔与明快的彩墨形色交织，构成了生动的新中国城乡画卷。

吴冠中将自己的一生都奉献给了艺术。罹患癌症后，他感知自己的生命时间已不多，没有余力再进行创作了，他交代后人，走后不留骨灰，画作全部捐赠给国家。吴冠中选择将自己的一生都留在画作里，他说："想念我，就去看我的画吧。"

2010年6月25日晚11时57分，吴冠中在北京医院安详辞世，享年91岁。

第二节　作品解析

一、《巴山春雪》

吴冠中曾说:"油画的民族化与国画的现代化其实是孪生兄弟,当我在油画中遇到解决不了的问题时,将它移植到水墨中去,有时倒相对地解决了。同样,在水墨中无法解决时,就用油画来试试。"从20世纪70年代中后期开始,吴冠中在油画和水墨之间来回探索,油画家的身份开始模糊,他在艺术理论上强调绘画形式美和艺术抽象美的重要性,"引线条入油画,引块面入水墨",他的油画作品蕴含着东方艺术之魂魄,他的水墨作品体现出现代艺术之筋骨。

1979年3月,吴冠中应邀赴重庆讲学,之后和师生们前往川北大巴山脉进行采风创作。之后几年间，吴冠中根据1979年的写生草稿断断续续完成了这幅传世名作《巴山春雪》（水墨设色，尺寸为69 cm×137 cm，1983年作）。

《巴山春雪》正好试验了将西方现代艺术形式主义的绘画语言与中国写意水墨画笔墨体系融会贯通的可行性。画作充满了东方诗性的神韵和极具生命力的审美意象，是吴冠中蛰伏数年造化修炼而成的山水意象佳作。蜿蜒起伏的雪域巴山由线条勾画出雄伟轮廓，大块富于变化的墨块和恰当的留白表现了大巴山的皑皑白雪和阴阳向背，其中轻轻敷染的淡墨洇开，体现了群山的地形变化和远近层次关系。浓厚墨点则点缀出山间的岩石、小树丛和成群的屋舍，屋舍后有几抹淡绿，预示着春天即将来临。画作整体色调素雅冷清，体现了巴山春寒料峭、浑茫空蒙的环境特点。

吴冠中将点、线、面的平面构成意识与中国传统文人抒情画像融合，塑造了《巴山春雪》的半抽象视觉意象。画家所秉持的形式美创作理念将春雪覆盖山川的自然实像以心像呈现出来，在深沉、广博、寂谧而奇幻的美妙意境中展现他的笔墨情致。《巴山春雪》从方法论上为中国水墨的山水题材拓宽了创作边界，这幅作品也可视为吴冠中理论思考成果在艺术创作中的真实写照。

二、《狮子林》

《狮子林》(纸本设色,尺寸为 144 cm×297 cm,1988 年作)是吴冠中最有名的代表作之一,被誉为吴冠中意识流造型的典范巨制。狮子林是苏州四大名园之一,园内多怪石,状如狻猊(狮子)者,故取佛经中狮子座之意,名曰狮子林。吴冠中曾说《狮子林》是他开始创作抽象画的起点,足见这幅画在他艺术理论与实践中的重要性。在《狮子林》的创作过程中,吴冠中发现被前人反复搬上画纸的禅园,其特点与他对形式美、抽象美的追求十分合拍。吴冠中笔下的《狮子林》不似以往画家以写实手法描绘,而是另辟蹊径,采用点、线、面结合的奇崛造像,给大家呈现出一个既不脱离现实特征,又抽象极简表现的狮子林画作,这种处理手法生动诠释了吴冠中"风筝不断线"的艺术创作理论。他对狮子林的竹林怪石进行观察,以审美之眼归纳提炼出这座园林的物态特征,再用独特的直觉形象和艺术技能将自然物象幻化为抽象世界,这种"抽象"并不同于蒙德里安完全割断了客观联系的纯粹几何表现。吴冠中偏爱有人生经验、能与观众产生情感交流的抽象艺术形式，他的画作始终有一根线牵系着现实生活，就像牵系着飘向远方的风筝的细线。

　　《狮子林》幅面的五分之四都是假山怪石，画中的玲珑湖石均以线条勾出，直线、折线、曲线及弧线的组合展现了节奏感和韵律美。在中国山水画中，线是艺术的灵魂。吴冠中的运笔不追求传统国画意义上的笔锋和顿挫，而是流畅、明快、飘逸的。他对线的理解十分完美，强、弱、急、缓的墨线在纸上自由游走，构成了形状各异、千奇百怪的狻猊怪石，这些怪石物象在似与不似之间将禅意的思想和韵味体现得一览无遗。除了线条，无数或浓或淡、或大或小的墨点也在笔下尽情洒出，但在点的密度、趣味和方法表现上，吴冠中心里是有尺度的。连绵石群中的树木、亭台长廊中的行人、水里的游鱼莲叶，和各色墨点相互呼应，使得画面静中寓动，增添了作品的美感和生动趣味性。亭台长廊、树木行人、水色倒影虽以简意笔墨描写，但均是较为写实的形象，更接近于传统水墨画。全画初看光怪陆离，细观则总能寻到所绘对象的形貌神韵。吴冠中的《狮子林》既嫁接了东西方艺术的情绪、情感，又将画家自有的气魄和孩童般的天真奇妙构思综合表现出来，让作品的生命力时至今日依然鲜活跃动。

三、《香港夜景》

　　1987年,吴冠中受邀赴香港进行文化艺术交流。素爱抒写祖国大好山河的吴冠中,晚年的创作以江南水乡题材为主。当看到香港这个东西方文化交汇的花花世界,他感想万千,首先想到的是繁华背后的人间故事。不同于香港白天密密层层的线、面交错,到了夜晚,这座城市被灯光笼罩,色彩缤纷又独有韵味。吴冠中挥动丹青妙笔,创作了一系列以《香港夜景》命名的画作。该系列中的两件作品分别保存在香港博物馆和北京中国美术馆。

　　《香港夜景》(水墨设色,尺寸为141.5 cm×351 cm,1987作)是一幅极具后现代主义风格的作品,参差错落的楼宇、繁忙的车流、密集的灯火汇合成了点、线、面的交响,画作形式感极强。20世纪八九十年代,正是吴冠中对抽象视觉语言进行全面实践的关键时期。受科学研究启发,他感知到细胞核裂变形态与图形解析重构何其相似,便以抽象艺术形式表现微观世界的本质特征。他将艺术直觉附着于客体上,凭借纵横交错的浓墨粗笔塑造了一个介于现实与非现实、客观与超客观、错觉与非错觉之间的艺术作品。大都会不再是立体且写实的钢筋森林,而是以黑、白、灰来重构的密不透风的色块，其中遍布的红、黄、绿点点色彩又脱离了平面的层次限制，营造出了城市的空间感和喧嚣感。画作虽空无一人，但生存挣扎的苦乐故事仿佛正在发生。"红灯区，绿灯区，人间甘苦，都市之夜入画图。"这是吴冠中对《香港夜景》的画外题词。吴冠中展现的不仅是霓虹灯笼罩下的香江之畔，也是时代飞速发展下芸芸众生的忙碌与纷乱，他对香港这座城市的情感观照尽显于此。

"风筝不断线"是吴冠中对其艺术创作思想的总结。风筝，是艺术作品，放得越高越有灵气；线，是连接人民大众的情感纽带。吴冠中作为20世纪中国美术史上具有独特意义和价值的人物，不仅在中西方艺术融合实践中做出了巨大贡献，同时还对我国当代美术发展进程产生了很大的理论影响。

参 考 文 献

[1] 翟海月.张大千的佛教造像艺术收藏与投资[J].东方收藏,2020(8):57-60.

[2] 三元."亿元时代"的创纪录之旅[J].文物鉴定与鉴赏,2010(5):104-109.

[3] 黄蓉.蔡寿祺及其《梦绿草堂诗钞》考论[D].南昌:南昌大学,2023.

[4] 王东.试析张大千与其荷画创作[J].消费导刊,2008(19):224.

[5] 赵会文.民族文化的瑰宝——赏《张大千长江万里图》[J].美术之友,2001(3):7-9.

[6] 吕晓.画吾自画——齐白石山水画的创作历程及特点[J].中国书画,2018(10):66-82.

[7] 李云峰.齐白石山水画的创新精神[J].艺海,2014(3):90-93.

[8] 小寒.齐白石《山水十二条屏》现身保利[J].收藏,2015(9):34-35.

[9] 道可.齐白石绘画作品赏析[J].中国书画,2010(4):130-134.

[10] 刘传兵.齐白石《六虾图》鉴赏评析[J].名作欣赏,2012(15):168-169.

[11] 张敏.改良与引进 探索中的美术实践[J].艺术品鉴,2019(10):48-59.

[12] 陈雅婧.高剑父"新国画"的去日本化之路[J].艺术探索,2021,35(3):22-32.

[13] 征雁.高剑父:上马杀贼,下马赋诗[J].艺术市场,2005(10):116.

[14] 孙歌华.徐悲鸿《雄狮图》赏析[J].文物天地,2019(8):62-63.

[15] 黎明.忆高剑父与岭南画派[J].岭南文史,2011(4):42-50.

[16] 佚名.高剑父[J].粤港澳大湾区文学评论,2023(3):2.

[17] 丁达.中国当代油画"黑与白"的审美价值研究[D].徐州:中国矿业大学,2019.

[18] 袁宝林.感动与启迪——写在林风眠110周年诞辰[J].美术,2011(2):91-95.

[19] 刘佳.林风眠实现社会艺术化的教育思想[J].苏州大学学报(工科版),2002(3):23-24,142.

[20] 林明.林风眠绘画的形式语言[J].艺术百家,2013,29(s1):211-213,210.

[21] 刁秀航.论林风眠的"调和中西"艺术观[D].南京:南京师范大学,2006.

[22] 郎绍君.慰藉人生的苦难——林风眠艺术的内涵[J].国画家,1995(5):2-9,20-23.

[23] 罗芸.林风眠水墨画形态语言研究[D].长春:东北师范大学,2020.

[24] 姜哲.论女性形象在月份牌中兴起的缘由[J].美与时代(中),2015(7):119-120.

[25] 彭飞.知音傅雷——林风眠研究之十二[J].荣宝斋,2008(3):272-281.

[26] 王艳.从"具象"到"抽象"——吴冠中绘画网格及艺术观念研究[D].济南:山东艺术学院,2022.

[27] 徐福山.论当代文艺工作者的价值取向[J].艺术评论,2016(8):38-42.

[28] 任莉.论中国绘画的白描技法与文学白描手法的异曲同工[J].宁夏大学学报(人文社会科学版),2012,34(4):163-166.

[29] 魏福波.浅论蒋兆和先生的绘画艺术[D].北京:中央美术学院,2010.

[30] 提诗懿.钟启荣《涌现的四季》创作技术分析与风格探究[D].上海:上海音乐学院,2019.

[31] 陈政军.蒋兆和水墨人物画体现的"画史"风格和人文情怀[J].大舞台,2014(2):38-39.

[32] 张会宽.成就吴冠中艺术的是"市场"还是"时代"[J].名作欣赏,2012(12):169-170.

[33] 夏之顺.浅析当代中国油画的发展及对传统精神的探索成就[J].才智,2008(17):209-210.

[34] 水天中.吴冠中和他的艺术[J].美术,2010(9):45-59.

附录 A　招贴设计教学融入新国画审美情趣的改革探索

文化自信是一个国家、一个民族发展中最基本、深沉、持久的力量。在招贴设计课程的教学实践中，融入新国画的审美情趣和艺术语言，对于提升大学生的综合文化素养、增强大学生的文化自信具有重要的现实意义。笔者将具有新国画特征的代表性大师艺术佳作赏析引入招贴设计课程内容，拓展教学内涵，创新教学方式，有效激发了学生以中国优秀传统文化浸润艺术修养、品德修为的学习热情。

一、教学改革背景

在招贴设计课程教学中，除了对国内外优秀设计案例做分析解读，还可通过对我国著名艺术大师如徐悲鸿、齐白石、吴冠中、丰子恺等人的新国画作品进行分析和研究，使学生能够将传统中式美学和现代图形有机地融合在一起，从而使招贴设计作品独具民族风格、民族韵味的艺术烙印，并传递出中国设计之美。

从人类文明发展的进程来看，社会的不断进步在某种程度上也就是人类图形的不断优化过程。中国传统艺术也经历了由简单到复杂、由具象到抽象、由单一到复合的过程。在20世纪初期的中国,动荡与巨变不断,近现代新国画大师们在东西方艺术的折中和融合上不断尝试与探索,那个时代的佳作既有中国传统文人士大夫绘画的写意雅趣,也有西方艺术独特新颖的视觉造型。

因此,在21世纪的招贴设计课程教学中,我们应充分提取优秀传统艺术中所蕴含的丰富内涵,体验大师作品中浓烈的家国情怀和思乡之情,捕捉科技和信息爆炸下现代设计语言和前卫视觉符号的亮点,帮助学生树立正确的世界观、人生观、价值观,让他们打开国际视野,在"大设计观"和"工匠精神"道路上前行,提升社会对发展所需要的高素质专业人才培养的满意度。

二、教学改革目标

(1) 加强学生对中国优秀传统文化的认识和理解。本课程将站在新国画艺术大师的肩膀上眺望未来,从中式传统美学中创造性地提取图形的造型、色彩、肌理等元素,并进行大胆改造,去构建具有强烈装饰性和东方风格审美观念的招贴设计作品。同时增强学生对民族文化和民族精神的了解和认识,增强他们的民族自豪感和文化自信。培养学生对中国传统文化、乡土文化和社会主义先进文化的热爱和认同。

(2) 培养学生的创新思维能力,引导学生结合案例及优秀作品进行深入的多角度分析和思考。如果说中国近现代艺术大师的作品是"传统"与"现代"的碰撞,那么现代招贴设计的创作就是"传统"与"创新"的碰撞。在新时代背景下,我们要对中国传统元素进行图形解构,同时进行大胆的视觉实验和探索,通过线上的软件整合和线下的材料制作,使招贴设计作品呈现出有别于以往的新鲜视觉体验。

(3) 增强学生的人文关怀意识。招贴设计中的图形、色彩等元素,能够充分调动观者的情感体验,使大众对设计作品产生认同感。因此,我们在教学中将引导学生产生新认识和新观念,即招贴设计作品不仅仅是一种单纯的、单一的艺术表现形式,它还包含了设计师对现实生活的理解、对大千世界的感悟等。在教学中,我们会对近现代描绘中国世情百态的艺术作品进行解读和分析,使学生对"中国梦""乡土情"有更深层次的理解。百年前的中国灾难频频,饱受蹂躏,国家该走什么路?艺术该走什么路?是当时每一个关注人生、关注社会的艺术家必须思考的问题。许多艺术大师为践行自己的创作理想,不仅拿起画笔抒发悲愤之情,也希望以画警示世人、教育世人。身在

21世纪的我们通过对大师作品的鉴赏分析，可以让学生在学习中形成独特的审美视角，并激发自身的爱国主义情怀，以饱满的热情去完成以"文化自信"为底色的招贴作品。

（4）选择合适的设计竞赛，以"文明城乡建设"为主题，指导学生从多维、多元的角度去展开设计创作，培养全面、立体的设计思维，并将传统图素解构、重组，鼓励学生大力弘扬社会主义核心价值观，通过公益招贴传播文明、引领风尚，达到宣传城市文化特色的目的。

三、教学改革路径

本课程教学体系主要体现在两个方面，即文化自信教育和招贴设计专业技能教学。文化自信教育为课程的内在体现，招贴设计专业技能教学作为课程的外在表现。

1. 文化自信教育

（1）加强学生对传统艺术造型的感知力，理解其背后所蕴含的历史传承和文化精神。以传统中国山水画为例，如北派山水大家为了体现北方大山大水的大国气度，开始盛行山水画皴法中的斧劈皴法。"斧劈皴"笔线苍劲，运笔多顿挫曲折，有如刀砍斧劈。这种皴法宜于表现质地坚硬、棱角分明的岩石。而在插图设计、招贴设计等核心课程教学中，许多学生在表现中式山水时，往往抓不住传承千年的造型核心要点，描绘山石的线条往往柔弱无力，图案的形神特征都很平庸，整体设计往往缺失了中国传统艺术中的雄浑稳健、返璞还淳之美，无法以更好的形式去传递中国民族设计的先进性。

（2）在课堂教学中，以大量近现代优秀艺术大师的新国画作品作为设计参考，对作品中的审美情趣和造型特征进行分析，同时深入画家的艺术创作心境中，了解百年前时代巨变下，中国近现代艺术大师们是如何摆脱固有绘画程式规范去进行突破和"变法"的。课堂在理论讲授和作品分析上双线并行，使学生主动思考并对大师作品进行设计观察，最后在实训创作上引入新思路、新概念、新风格，从构图、色彩、图形、肌理等多个角度对传统艺术的视觉语言进行全新解构，并将这种创新思维模式运用到竞赛招贴作品的创作中，起到弘扬优秀传统文化，达成精神文明建设的目的。以齐白石为例，他的画作往往充满着稚拙的田间野趣及思乡之情，他通过大量实地考察及写生后发现中国传统山水画过于仿古摹古，且形态呆板，缺乏变化，也很少对现实世界进行客观描摹，于是他开始删繁就简，坚守轻临摹、重创造的创作理念。

2. 招贴设计专业技能教学

（1）在招贴设计课程教学的部分，将课程理论内容分为三个段落（设计调研、创意构思、图形设计）。每个段落教师集中进行理论讲授后，指定相对应的优秀作品给学习者，结合理论知识进行分析。

（2）通过网络教学平台，将各种丰富、多样的教学资源呈现在学生面前，例如微视频、微课等。由于移动智能设备的普及，人们获取信息的途径已经发生了巨大改变。学生可以在任何时间、任何地点通过网络获取各种信息资源。而教师也将以学生为主体，以学习过程为中心，使信息技术与学科教学深度融合，充分利用互联网和计算机技术等信息资源进行教学，明确课程的重难点。在实训实践环节，可先让学生通过观看视频、阅读资料等方式自主学习，完成教师布置的预习任务。同时根据学生的学习水平制定合理的学习计划，有针对性地开展招贴设计课程的翻转课堂教学模式。在教学过程中充分利用现代教育技术手段来优化课堂教学方式，如通过慕课、翻转课堂等新型教学方式来优化课堂教学效果。

（3）为了让近现代中国传统绘画艺术的感染力融入课堂教学，使我们可以通过抖音、哔哩哔哩、小红书等多平台寻找精彩的案例和素材，例如纪录片《百年巨匠》《美术里的中国》《中国》等，还有一些非常前卫的、具有中国特色的新艺术概念，比如"赛博社会主义风格""电子礼佛"等，这些设计资源能让学生主动去理解传统文化的精神内涵和文化符号，愿意对招贴设计进行大胆的视觉重构和美学挑战。

（4）利用专业竞赛，激发学生的学习兴趣和参与热情，不同类型的竞赛可以检验学生对某一阶段所学的知识是否真正掌握，而不是仅限于理论知识的学习。同时还能提高学生的学习能力、创新能力、团队合作精神和实践动手能力，提升社会对发展所需要的高素质专业人才培养的满意度。此外，竞赛还能提高学生的自信心和成就感，激发他们参与学科竞赛的热情。

（5）增加课堂互动教学环节，鼓励学生对设计概念及创作方案做全班汇报，引导学生以小组形式对设计思路进行交流和沟通，引导学生发现问题、解决问题，让学生化被动为主动，进而提高学生的学习能力和实践能力，使课堂教学管理朝良性态势发展。

四、教学改革亮点

（1）通过网络进行教学资源的筛选和整合，在教学过程中充分利用现代教育技术手段来优化课堂教学方式，同时也在短视频及社交平台收集大量的优秀案例和素材，对一些作品背后的底层逻辑和宣传方向进行研究。同时利用翻转课堂、整合式线上教学资源来改变传统课堂教学的模式，加强教学管理。将课程的不同知识点通过竞赛内容串联，使学生对中国近现代绘画艺术的理解更加牢固、透彻，促使学生转变思维，采用现代化图形语境去传递中国古典艺术之美，在学习过程中不自觉地建立起对民族精神、爱国主义、乡土观念等传统文化的热爱。让学生深入了解在东方文化思潮影响下，新时期的前卫艺术概念是如何和传统文化相结合的，促进学生综合素养的提升。

（2）对近现代艺术大师作品中的中式审美情趣和新颖造型进行分析，加强学生对中国传统艺术形神物态的感知力，理解其背后所蕴含的历史传承和文化精神。使学生主动思考设计方法并对大师作品进行设计观察，最后在实践创作上引入新思路、新概念、新风格，从构图、色彩、图形、肌理等多个角度对中国传统艺术的视觉语言进行全新解构，并将这种创新思维模式运用到竞赛招贴作品的创作中。

（3）增强学生的人文关怀意识，提升个人的责任感，规范其思想品德。使学生重视当下社会人的精神生活，对世情百态、人生哲理等进行思考，并参与到新时代文明实践活动中，最终在招贴作品中塑造出具有社会主义核心价值观的优秀城乡形象。

五、教学改革案例

自古以来，绘画艺术与平面设计有着千丝万缕的关系，前者表现的是艺术家的主观思想和情感，后者则是设计师以挖掘设计对象的思想和情感来获取成功。虽然它们的视觉语言不尽相同，但都研究和反映了特定文化环境下物象的表现形式。一直以来，艺术与设计的发展离不开彼此之间的借鉴与融合。20世纪上半叶的中国画坛，尽管画家众多，各种美术团体十分活跃，但真正推动传统国画向前发展，体现这一时期美术成就的，还是几位新国画大师的艺术创作。他们扎根于中华民族深厚的优秀传统文化，回应西方文明的介入和时代之变，形成了一座座高峰。他们的艺术具有传承与创新的使命感，其作品中的时代性、民族性和创新性永不过时，这让新国画大师成为当之无愧的民族艺术巨匠。本课程将从中国现当代新国画作品中挖掘艺术资源，应用于招贴设计创作，借此踏出一条适合本民族设计艺术发展的新出路。

本课程的教学改革以中国现当代画家吴冠中为例，从他的艺术理论及实践探索经历、作品中的形式美法则两个角度出发，了解国画笔墨该如何跟随时代、推陈出新。通过吴冠中在新国画探索道路上的创作经验，通过对其作品图形元素的分析，从思想、形式、内容等多方面让学生在现代招贴设计上有所参考和借鉴，有助于招贴作品兼具现代设计的抽象之美和中国传统绘画的诗性之美。

1. 吴冠中艺术理论及实践探索经历

（1）艺术理论：吴冠中一生都在积极探索与实践"油画民族化""国画现代化"这一艺术理念，他创造性地将西方艺术的形式美与中国传统审美中的意境美进行了有机结合。在绘画改革和新国画的探索之路上，他无畏率真地探索西方现代绘画与中国传统艺术的关联，洞察两者在文化精神、造型法则及语言方式的贯通点，创造性地发展出一种走在时代前沿的崭新风格，并以鲜明的祖国灵魂的形象屹立于世界的舞台。他的艺术理论与实践不仅对中国新时期美术的发展方向产生了重大的影响，也将中国水墨画推向了全世界，因此，研究他的绘画图形语言对我们进行新的设计形式的探索具有启示性意义。

（2）实践探索经历：吴冠中喜爱在大自然中进行写生创作，他对山水草木有着天然的艺术直觉和敏锐的观察力，可以说，他的大量佳作都是风景画作。每当他在油画风景创作上灵感枯竭时，便开始转向水墨创作，而在水墨画上走入死胡同时，又兼事油画。

20世纪70年代中后期，吴冠中开始进行大量的写生创作，他的足迹遍布各地名山大川。在创作路上，有感于祖国青山绿水的形态之美，他开始通过绘画的多样性和形式美来达成中西艺术的融通，使西方抽象艺术的视觉张力和磅礴大气的水墨笔法相融合。

20世纪80年代中期之后，吴冠中创作了许多围绕"江南水乡"主题展开的作品，这个时期的作品呈现出更为抽象且平面化的视觉语境。水乡是吴冠中绕不开的故土情节，这里有他温情热烈的童年回忆。老家那摇摇晃晃的小船承载着的是少年执着求学路上的梦想，也是家人对他的关爱和期许。所以在描绘这片心中的柔软之地时，吴冠中笔下的诗性幻想和梦境意象更为浓烈。万线如流化作了群山、水田，万点飞舞落于纸上便是行人如织、绿柳迎春，而浓墨粗笔的色块则构成了水乡参差错落的粉黛瓦舍。这些点、线、面的交汇聚集充满了极强的生命力，谱写了吴冠中的美丽乡愁。

2. 吴冠中作品中的形式美法则

我们可以总结出吴冠中新国画作品里所蕴含的形式美

法则要点，以便于学生创作出具有东方艺术美感和鲜明民族风格的招贴设计作品。

（1）重复：吴冠中以水乡为主题的作品中常见重复技法的运用，墨块的反复堆叠重构出了村舍的屋顶，线的密集勾勒形成了《春风又绿江南岸》里随风摇摆的柳条。《狮子林》里彩色的墨点随意撒下，斑斑驳驳跳跃在纸面上，像律动的乐符，使画面极具现代感。同时树荫、行人、游鱼和点又形成彼此和谐相融的关系。多个近似的元素散布在一起，既有整体感，又呈现出十分自由、随性的美感。

（2）对比：在《狮子林》里，画面的主角太湖石在画幅中占比十分大，与水面的莲叶、游鱼及湖石上的亭台楼阁形成了鲜明的大小对比，而长廊中穿梭的人群，与留白甚多的太湖石形成了疏密对比。另外，太湖石的"虚"写与树木楼阁的"实"画也形成了对比，这些对比和冲突造就了画作的空间感和视觉张力。

（3）线：吴冠中是用线的高手，他的每幅画几乎都有线的出现，《春雪》里气势雄伟的早春巴山就以淡色墨线勾勒而出。《狮子林》里线条的运用流畅明快，组成了形态各异、童趣盎然的太湖石，画作将强弱力度不同的曲线铺满了整张画纸，使画面静中寓动。

（4）留白：作品《双燕》里有着大量留白，给了足够的空间让观者聚焦于那一片简单的白墙和墙上飞过的双燕。

《狮子林》乍看画面十分饱满，但是在太湖石的下方只有淡墨轻轻扫出的如镜湖面，湖面上只有几片莲叶和几条红鱼。这种空间上的释出使得画面意境悠远，恰到好处地体现东方文化及艺术的情绪、情感。

（5）平面化：《狮子林》这幅作品有着极强的中国传统文人抒情画的审美情趣，但从现代构成主义的角度出发进行解析，图素的表现其实是非常概括且平面的。吴冠中在画作语境上的把握既克制又洒脱，在对园林景观的描绘上塑造出了一个"似与不似"的物态特征，这种"似与不似"的特点是通过画作中的点、线、面元素巧妙构成的。

总的来说，在课堂上对新国画艺术作品中的中式审美情趣和新颖造型进行分析，加强学生对中国传统艺术形神物态的感知力，理解其背后所蕴含的历史传承和文化精神，使学生主动思考设计方法，并对大师作品进行设计观察，有助于学生增强人文关怀意识，提升个人的责任感，规范其思想品德。也可以让学生重视当下社会人的精神生活，对世情百态、人生哲理等进行思考，最终在招贴作品中塑造出体现社会主义核心价值观的艺术形象。

参考文献

[1] 于方.新时代高校书籍设计课程教学改革[J].时尚设计与工程,2023(6):72-73.

[2] 程玲."互联网+"时代高校思想政治教育者面临的新挑战[J].阜阳职业技术学院学报,2016,27(4):13-15.

[3] 张多星.废墟上的守望者——探究吴冠中从油画民族化到中国画现代化[J].美术教育研究,2015(9):10-11.

[4] 王锦绣.吴冠中绘画图形语言研究及其在平面广告设计中的应用[D].桂林:广西师范大学,2014.

[5] 王凤霞.漫画课程资源在《生活与哲学》教学中的应用研究[D].南京:南京师范大学,2014.